FUTAMI

新

東大生100人が教える

小学生の勉強法

〈総合篇〉

東京大学「学習効率研究会」編著

サラ・ブックス

二見書房

はじめに……新版『小学生の勉強法』の刊行にあたって

　子供たちの成績は、生まれつきの頭脳の良しあしで決まるのではない。また、親からの遺伝体質などもほとんど関係しない。では、いったい何がそれを左右するのか？　私たちの経験によると、ものごとへの興味や好奇心をもとにした「やる気」がどれほど大きいか、勉強のやりかたをどのように「くふう」したか――この二つが決め手になるのはまちがいない。

　では、「やる気」にさせるにはどうしたらいいのか？　そのカギは、勉強を「わかる」にして子供たちに自信を持たせ、つぎに「できる」を達成させることにある。誰でもそうだが、ものごとが解決できると先への見通しが持てるようになる。課題をひとつずつクリアしていくことが「楽しい！」と思えるようになること、それが「やる気」の正体なのだ。

　つぎの「くふう」とは、時間のやりくり、集中のしかた、授業での教わりかた、問題を解くときの姿勢など、勉強のやりかたはこれでいいのかどうかを考えつづけることをいう。短い時間で勉強を終わらせたい！　という気持ちが強いほど「くふう」にみがきがかかるが、あれこれと失敗を重ねながら、子供たち自身でつかみとらせるのが理想だろう。

　といっても、つねに「わかる」と「できる」がすんなり実現できるとはかぎらない。学習内容にはつながりがあるので、どこかに「つまずき」が発生すると、それが「わからない」に直結することなど珍しくないからだ。ただし、内容がむずかしいからつまずくというよりも、わかろうとする「くふう」が不足したときに壁にぶつかる、と考えたほうがいい。

　つまり、「やる気」と「くふう」を一体化させることが成績のカギをにぎるのだが、それを子供たちがひとりで成しとげるのはむずかしい。なぜなら、「つまずき」を見つけ、そこを手当てする「くふう」をこらすためには、勇気がいるからだ。「やる気」よりもさらに深いところで気持ちを支えるもの——この「勇気」というパワーは、ひとりで持つことはできない。

　では、子供たちに勇気を与えてやれるのは誰か？　それはお母さんだろうし、ときにはお父さんでもいい。その家庭らしさにあふれた力で後押ししてもらうことで、子供たちは自分の弱点にメスをふるうことができる。お母さんたちが見守ってくれる家庭学習で「つまずき」が解消されると、授業が楽しくなるので、さらに「やる気」が大きくなるはずだ。

　こうしたプロセスを通して、いつしか子供たちはムダのない勉強法を身につけるようになるだろう。子供たちの自主性を尊重してやりながら、かといって任せっぱなしにはしない。勉強のやりかたのヒントを与えながら、自分で解決するように仕向けてやるだけでいいのだ。

　いま子供たちの学力低下への不安がいろいろな方面から指摘されているが、私たちは勉強のやりかたのくふうしだいで危機は乗りきれると考えている。通常の授業では学習内容が三割もカットされたが、それは習熟度別のコースなどで埋めることができるし、塾などを活用するやりかたもある。いちばんの急所は、子供たちに迎合することなく、「あわてず、ムダなく、ムリのない勉強法」をつかませて、学校生活が楽しくなるようにさせてやることだろう。

私たちのメンバーは全員が現役の東大生だが、六年ほど前に『小学生の勉強法』（旧著）をまとめた先輩たちの手法にならって、新規のアンケート調査を実施した。先輩たちを一期生とすると、私たちは二期生になる。合計すると約百人のデータが収集されたことになるが、過去と最新のデータを照らし合わせ、より有効だと判断したものを重視して書きあらためた。

もちろん、私たちのメンバーの小学生時代の体験が大きなウェイトをしめている。それだけでも十分なのだが、さらに大量のデータを加えたので、旧著を上回る内容に仕上がったと自負している。本書のねらいをじっくり読みとって、子供たちを支えてやってほしい。

本書には、四教科の成績を伸ばすコツがぎっしりつめこまれている。各教科の「範囲を超える内容」にも踏みこんでおいたので、知識などの系統的なまとめに利用するといいだろう。また、範囲外からも出題される私立などの中学受験にも役立つので、目安にしてもらいたい。

可能性を秘めた子供たちをさらに輝かせてやれるのは、家庭の力のほかにはない。いま私たちは小さな感傷をまじえながら、子供たちとお母さんがたに大きな声援を送りたい。

東京大学「学習効率研究会」

目次

本文イラスト——松本オサム

序章
やる気と自信を生む学力アップ超効率勉強法

いま子供たちは学力低下の危機にさらされている

小学生の三人にひとりが授業についていけない！

つい先年まで、教育関係者のあいだでは「七五三」という言葉がさかんに使われた。例年十一月に行なわれる子供の成長を祝う行事をもじったいいかただが、その意味するところは、めでたさとは裏腹だった。公立校での「授業がわかる度合い」が、小学生で七割、中学生で五割、高校生で三割にとどまるということを、皮肉まじりに表現したものだったからだ。

小学生の場合には、三年生ころから「わからない」が目立ちはじめ、その度合いは学年が進むごとに高まっていく。四年生が大きな転換期になり、さらに五、六年生になると三人にひとりの割合の子供たちが「授業についていけない」という状態になる。やる気をなくした子供たちが増えはじめ、勉強ぎらいのムードが学級を支配するようになったのだという。

脅すつもりはないが、それが実情だったようだ。「まさか小学校で？」という親世代の経験に縛られずに、事実を見つめてもらいたい。学校は大きく変質してしまったのだから……。

その経緯をたどってみると、戦後（一九四五年）になって学習量や授業時数は小さな増減を繰り返してきたが、六九年からはぐんと内容が増えた。そのせいか七〇年代初めには授業についていけない子供たちが大量に発生し、「落ちこぼれ」という言葉が流行語にまでなった。

学習する量が過大すぎるのではないか、つめこみ教育はやめるべきではないかという批判の高まりを受けて、七七年からは「ゆとり」が中心テーマとなり、学習内容と授業時数が大幅に削減されることになった。「落ちこぼれの解消」が国民的なスローガンになったのだ。

八九年にはさらに学習内容が削減された。つまり、私たちが小学生のころはかなり負担が軽くなっていたはずだが、「授業がわかる度合い」の階層化はますます目立ちはじめ、その傾向は年を追うごとに強まって、ついに三割前後もの子供たちがその学年の学力を「積みこぼし」する、親世代にはにわかに信じられない事態がもたらされることになったのだという。

だが、この「七五三」という言葉は、公式のものではない。もっぱら塾などの学校外の教育システムの現場で、こっそり用いられたという。教育当局もしぶしぶ認めてはいたが（「学校教育に関する意識調査」・平成十年）、当の学校の先生がたは知らぬ顔をきめこんだ。臭いものにフタをしたといえば先生がたには酷かもしれないが、親たちだけがカヤの外だったのだ。

標準レベルの「ふつうの子」が減り「わからない子」が急増！

断っておくが、「よーいドン！」で勉強をはじめても、子供たちの「伸び型」や「能力の向き」はそれぞれ異なるので、どうしても習熟度には格差が生じる。「さき伸び型」もいれば「あと伸び型」もいるし、感情や気分にしばられて能力の向きが安定を欠くこともあるだろう。習熟度は個性のあらわれでもあるのだから、学習段階ごとに「わかる・わからない」や「できる・できない」というバラつきがもたらされるのは、きわめて自然な成り行きなのだ。

　公正な競争が行なわれれば格差は出る。それは当然のことなので、学力の階層化そのものを否定するつもりはない。また、中学年（三、四年生）以上になると学力分布がだんだん固定されてくるので、それを統計上の数字で示すこともできる（偏差値については後述する）。

　問題なのは、たかが「授業がわかる度合い」にすぎないものが、そのまま「学力の階層」に移行してしまうことのほうなのだ。ごく初期の「わかる度合い」がそっくり中学年以降の学力序列として固定されるのだから、追いこみや逆転劇があまり見られないまま学年を重ねていくことになる。しかも、決まりごとのように三割前後の「落ちこぼれ」を生みながら……。

　空気が抜けたボールのように反発力を失い、心が貧血を起こしたみたいに、多くの子供たちがあっけなく自分を見限ってしまう——ここに危機を読みとらなければウソだろう。

　ある調査によると、七〇年代は「よくわかる子・ふつうの子・わからない子」の比率が「2・6・2」だった。それが九〇年代には「3・4・3」という比率になったらしい。塾に通う子供が多くなったせいで「よくわかる子」が増えたのはいいが、標準レベルの「ふつうの子」が大きく減り、「わからない子」も増えて、例の「七五三」時代が到来したのだ（漢字の書き取りと計算のテストの点数比較による）。

この数値からすると、「ふつうの子」の1に相当する部分が「よくわかる子」に上昇し、同じく1が「わからない子」に転落している。通塾がブームになりながら、逆に学力を低下させた子供が増えていることに注目してほしい。

親の世代に比べて学力は大幅に低下している！

ある調査によると、国語の学年別配当漢字の「読み」では各学年とも九割近くが正答しているが、「書き」のほうはかんばしくない。一年で九一・六パーセント、二年で八一・四パーセント、三年で七〇・四パーセントと低下してきて、四年で六三・〇パーセント、五年で六一・四パーセント、六年で六二・五パーセントと、四年からは六割台前半にまで下落している（一九九九年六～七月、児童生徒約二万七千人を対象・日本教材文化研究財団調べ）。

とくに四年での落ちこみが目立つのは、画数の多い漢字や同音異義語が増えるのが原因だといわれたりする。しかし、一ヵ月に一冊も本を読まなかった小学生が一六パーセントにも達することからすると（二〇〇〇年五月・全国学校図書館協議会の調査）、「勉強ぎらい」と「読書ぎらい」とが合算され、単調な反復練習をしなくなったことが大きな原因ではないだろうか。

また六年生を対象にした算数では、過去の調査とまったく同一の問題（一九八二年と九四年に旧文部省が行なった）を出題して平均正答率を比べたところ、八二年には六九パーセント、九四年には六五パーセントだったものが、二〇〇〇年には五八パーセントに低下していた。

計算問題だけにしぼると、八二年に八〇パーセントだった正答率が、九四年には七七パーセントとやや低下し、二〇〇〇年には六〇パーセントにまで下がっている。

とくに分数の計算力の低下がひどく、約二十年前には分数どうしのかけ算・割り算（$\frac{5}{6}\times\frac{4}{9}$、$\frac{2}{7}\div\frac{3}{4}$）の正答率は九三パーセントを超えていたのに、今回は六五〜七〇パーセント台に下落している。分数の足し算（$\frac{5}{6}+\frac{3}{8}$）では、約二十年前の正答率八〇パーセントから、六〇パーセント台に下がっている（二〇〇〇年十二月・東京理科大の沢田利夫教授らの調査）。

ここに注目してほしい。八二年以前のデータがないので大ざっぱな類推になるが、お母さん世代が六年生のころの分数のかけ算・割り算での「できない」比率は一割を切っていたのに、二〇〇〇年には三割を超えているのだ。また、分数の足し算での「できない」比率は二割にすぎなかったのに、二〇〇〇年には五割、つまり半数の子供たちがまちがえているのだ。

一方、漢字の「読み・書き」は年代ごとに配当漢字数が増えてきているので、お母さん世代とのストレートな比較はむずかしい。だが、近年の子供たちの漢字力が向上しているとは思えない。年を追うごとに、子供たちは地道ながんばりが苦手になってきているからだ。

昔のお母さん世代の学力レベルよりガクンと低下！

八〇年代半ばの調査によると、二年生の嫌いな教科のトップは国語で、次が算数だった。しかも、国語が嫌いという率は四〇パーセント近くに達していた（日本数学教育学会の調査）。七〇年代に配当漢字が四〇字も増えたのが原因のひとつだろうが、漢字数はその後さらに増えているので、二年生での「国語ぎらい」はずっと発生しつづけているのだろう。

ちなみに、二年生の配当漢字数を年代別に比較すると、五〇年代には八〇字、六〇年代には一〇五字、七〇年代には一四五字と、教育指導要領の改訂ごとに増えてきて、現在の一六〇字にいたっている（六年間で一〇〇六字）。

だが、漢字力の低下は数が増えたせいだけではないはずだ。戦前（四五年以前）の小学校では一三〇〇字も学んでいたことからすると、子供たちへの課題が多すぎる、という意見は正しくないように思われるからだ。

漢字と計算は基礎学力の根っこになるものだが、ここまで「わからない・できない」比率が高くなると、当然ながら、子供たち全体のレベルは低下する。もちろん他の教科の学力もいっしょに低下するので、「生きる力」そのものが危機にさらされることになるのだ。

全体のレベルが低下しているのだから、お母さん世代の「わかる」が保持した学力レベルと近年の「わかる」とが同じであるはずがない。「うちの子はだいじょうぶ」と胸をなでおろすと、大きな失敗をする危険がある。

体力、耐性、やる気まで低下しはじめている！

また、体力面での低下もいちじるしい。お母さんやお父さんの代である三十年前（七〇年度）の十二〜十九歳の体力と現在とを比べると、五十メートル走、持久走（男子千五百メートル、女子千メートル）、ハンドボール投げの三種のうち、男子五十メートル走を除いて、男女ともに三十年前のほうが上回っているというデータがある（二〇〇一年十月・文部科学省の調査報告）。

とくに持久走での差が大きいのは、苦しいことを嫌う、精神的な努力が求められる運動をしなくなった、この二つが要因のようだ。車社会の発達やゲームの普及など、便利さが進歩すればするほど、がまんすることが苦手になり、だんだん体力を低下させていったのだろう。

このデータは十二歳以下をカバーしていないが、便利さの波は大きくなる一方なので、もはや小学生全体がそっくり、学力も体力も、さらにはがまんを支える気力までも低下させているのは疑いようがない。しかも、気力の低下はそのまま「耐性のなさ」に結びつき、その域は臨界点に達しかけているらしい。そのあたりを証明する事実は、たくさんある。

ひとつは、「勉強なんて何の役に立つの？」という疑問をぶつける子供たちが増えていることだろう。たんに「やる気のなさ」をごまかすためと受けとめるのが妥当かもしれないが、同時にある種の「つらさ」が感じとれるのも事実だ。多くの子供たちにそうしたひっかかりが生まれ、勉強への動機づけがゆらぎはじめていることを無視するわけにはいかない。

あまりにも大きな問いなので、答えるほうの腰が引けるかもしれない。ましてや、お母さんがた自身が「勉強をやらされた」という被害感情をもっていると、「黙ってやりなさい！」と抑圧的な返答をしかねない。それでは「しかられた！」というメッセージしか届かないので、さらに拒否感を強め、「ガマン→苦痛→やりたくない」という図式が定着するだけだろう。

だが、立派な答えを探そうとするよりも、親身になって、目の前の課題をひとつずつ解決していくヒントを与えてやるほうがいい。先への見通しが持てるようになると、子供は勇気づけられる。温かさのなかに「やるのはあなたなのだ！」という力強いメッセージをこめてやると、気持ちのなかのひっかかりはだんだん消えていくものだ。

私たちは「教育は強制と義務感ではじまる」などと偉そうなことをいうつもりはないが、子供たちの「甘え」や「耐性のなさ」に迎合するのもまちがいだと信じている。

そうした迎合の最たるものは、子供たちが勉強の「つらさに押しつぶされそうだ」ということを前提にして、「もっと負担を小さくしてやろう」と結論する考えかただ。だが、前提はそのとおりかもしれないが、結論には賛成できない。私たちの経験からすると、もっと子供たちの気持ちのありかたにまで踏みこんだ対処のほうがいいように思われるからだ。

もちろん、意味のない「つめこみ」はやめたほうがいい。また、勉強は楽しいほうがいいので、授業の「つまらなさ」は改善すべきだろう。だが、子供の「やる気」を引き出すのは、ある程度の強制をともなう、理にかなった「つめこみ」であることを忘れてはいけない。

基礎というのは単調なものだが、そこをしっかり固めるのは「つめこみ」以外にない。スポーツを楽しむために基礎体力トレーニングが必要になるのと同じで、基礎的な知識や技能が身につかないうちは、勉強が楽しくなる戸口までたどり着くことすらできない。

しかも、この難所を乗りきるプロセスは、また同時に、子供たちが「耐性のなさ」を克服していくプロセスでもある。どこかに「耐性のなさ」につける良薬があるのではない。がまんを重ねて結果を出す――そこでの達成感が「やる気」をふくらませ、耐える姿勢を育てるのだ。

危機突破のカギは「親と子の楽しい家庭学習」

子供たち自身を勉強の主人公とするための親のサポート

子供たちの「耐性のなさ」の原因を、授業がおもしろくない、先生がたの熱意や技量が不足している、という点に求めるムキもある。

だが、授業を「おもしろくする」のはむずかしい。内容は基礎事項がほとんどなので、名人技をもってしても「つまらない」を解消できないといわれるからだ。「学校は基礎的なものを身体に覚えこませてくれるだけ」と腹をくくり、それよりも、「耐性のなさ」を克服するプロセスを歩みながら、自分を出すことの楽しさを感じているかどうかに目を向けるべきだろう。

そのためには、お母さん世代が根強くもっている「勉強をやらされた」という被害感情をクリアして、子供たちにそうした受け身の考えが伝染しないようにすることが先決になる。

近年は学校システムによる目に見えるしばりが少なくなったが、それとは逆に、目に見えない別の圧迫が子供たちをおびやかしているらしい。その最大のものが、お母さんがたのせきたてなのだという。うるさいわね！　早くしなさい！　まだやってないの！　などの八つ当たり的なせかしは、子供たちを不機嫌なイガイガした気分に追いこまずにはおかない。

先生に過大な要求をするのも、子供をせかすのも、勉強の主人公が誰であるかを見失っているせいなのだ。どうせ「やらされる」のだから、急がせると手助けになるとでも考えるのかもしれないが、それではおどしと同じなので、ますます子供たちを受け身に追いやる。

その反対に、ほったらかしもよくない。無関心にさらされると「もっと見守ってほしい」という受け身的な欲求ばかりをつのらせるので、自分を出すことに臆病になってしまうのだ。

勉強が「楽しく」なるのも、「わかる・できる」ようになるのも、受け身を卒業するからこそ可能なのだ。自分が主人公だと認めてもらえると、子供たちはかならず答えを出す。

たしかに先生には当たり外れがあるし、授業への熱意や技量が「わかる・わからない」を左右するのも事実だろう。だが、勉強の主人公が子供たちであるからには、彼ら自身がそれに相応したがんばりを求められるのは当然なのだ。それは、先生の技量などとは関係がない。

勉強でつまずくと「みんなができるのに！」という強迫感にかられ、自分というものの底がパカッと割れたように感じられる。私たちもそうだったが、逃げたい気持ちをこらえて練習を繰り返すうちに、かならずミスやカンちがいを発見することができるようになる。

自力で「わかる・できる」が実現できると、自信が持てるようになり、がんばりを重ねないと道はひらけないことにも気づく。そうした自己回復のサイクルを体得しておくと、壁にぶつかってもあわてなくなるので、学校生活を楽しく乗りきれるようになるだろう。

お母さんがたは、目の前の課題をがんばって解決しようとする子供の背中を、そっと押してやればいい。ときには、お父さんの出番があってもいい。子供たちを最も有効にサポートするのは、「主人公は自分なのだ」と実感できるようなぬくもり、つまりは家庭の力なのだ。

基礎学力アップの決め手は、適切な「つめこみ」と「やる気」

基礎学力を身につけさせる決め手は、適切な「つめこみ」と、子供たちの「やる気」に支えられたがんばりのほかにはない。それを証明する実例を紹介してみよう。

兵庫県の山間部のある公立小学校では、「総合的な学習の時間」などを利用して、子供たちに「読み・書き・計算」を徹底的にやらせて、標準をはるかに上回る基礎学力を身につけさせることに成功している（兵庫県朝来《あさご》町立山口小学校）。

そのやりかたは、独自のプリントを短時間でこなすことを柱にしている。先生がたは十数年かけて、子供たちがつまずきやすいのはどこかをつかみ、系統性や段階性を考えながら、本当に必要なものをしぼりこんだ。それぞれの教科ごとに、ワンテーマのプリントを五分から十分で終わらせることを目安にして、学校と自宅で毎日一、二回やるだけなのだという。

「読み・書き」では、音読を重視して教科書を繰り返して読ませること、教科書に出てくる順序にこだわらずに新出漢字のプリントをこなすこと、この二つを徹底させる。

　まず「読み」では、漢字が読めるようになることで教科書の音読がスムーズになり、書かれている内容もわかるようになる。「漢字の意味を知る→全体の意味をつかむ」へと発展して、ついにはほとんどの子供たちが、教科書の文章を丸暗記するようになるのだという。

「漢字」のほうは二学期末までに終わらせ、三学期はその復習をする。小学校で習う漢字は一〇〇六字だが、熟語は四〇〇〇～五〇〇〇字になるので、熟語だけのプリントや書き順だけのプリントに分け、とくにまちがえやすいものを反復させる。さらに学年末には、一年生から六年生まで同じ内容の漢字テストをする。習っていないものを書けないのは当然だが、その程度を知り、次年度の参考にするのだという。

「計算」では、「百ます計算」を用いる。タテとヨコが十一個の方眼状のプリントの、左上の最初のますに「＋」記号を入れる。残りの上段の横ますと、左の縦ますに十個の数字を並べ、タテの数字とヨコの数字がクロスしたところに足した答えを書かせる。つごう百問になる足し算を、タイムを計りながらこなす（145ページを参照）。

　左上のますに「－」や「×」を入れると「百ます引き算」「百ますかけ算」になる。自分の前回のタイムと競って計算していくうちに、苦手な子供でも三週間ほどで、約三倍のスピードでこなすようになるらしい。

基礎の「つめこみ」が成績上昇への唯一の切り札！

計算のしかた（余りのあるわり算など）でつまずいたときは、その前の段階をていねいにやり直しさせ、わかるまで繰り返す。どんな計算もその中身は「足す・引く・かける」の連続なので、そこをとことん反復練習させる。こうした基礎トレーニングをがむしゃらにやっているうちに、小学校の範囲を超えた（二〇〇二年度から範囲外になる）仮分数や帯分数の計算もすらすらできるようになるというからすごい。

また、社会科の歴史では、年号などをどんどん暗記させる。地理では、都道府県名のほか、おおよその日本の地形も覚えこませる。それらの知識が頭に入っていると、社会的な事件への「なぜ？」という好奇心がふくらみ、思考力や理解力がグンと伸びるらしい。

こうした「読み・書き・計算」をコマの心棒

にして、理科の実験や社会科見学などを組み合わせ、きれいに回転することをめざす。ほかの小学校との大きなちがいは、コマの心棒の強さと、心棒の周りをはっきりした形にしたことだという（『教育の論点』・二〇〇一年八月、文藝春秋刊より）。

適切な「つめこみ」が基礎学力を身につけさせる――こう判断した先生がたがすごいのはもちろんだが、各教科のプリントをがんがんこなし、スピードをめざし、身体で覚えこんでいった子供たちのがんばりもすごい。基礎がしっかりしてくると授業への「わかる・できる」がグングン上昇するので、子供たちは「やった！」というよろこびに満たされるのだろう。

さらにすごいのは、スタート時は「やらされた」はずだったのに、結果が出はじめると、自分たちの意志で「つめこみ」をやり抜いたと考えるようになるところだ。熱中しているうちに「耐性のなさ」を克服し、さらには自発性までも身につけてしまったことになる。

算数でいうと、「いろいろな定義を覚えて、それを使えるように練習する」ことがカギになる。習熟するまではガマンの連続なので、根気を積み重ねるしかない。だが、正答率とスピードが上がってくると、かならず楽しくなってくる。「できた！」という達成感がつらさを消してくれるので、いつの間にか「やらされた」という被害感情も消滅してしまうのだろう。

それだけではない。「できた！」という体験を重ねると、自分はひとかどの存在なのだ、という自己肯定感が育ちはじめる。もうおどおどしなくてもいいことに気づくと、ラクに自分を出すことができるようになり、「主人公は自分なのだ」と実感するようになるのだ。

ちなみに、この小学校の卒業生たちは、その後も好成績を維持しているらしい。国公立の医学部や、有名大学へ合格する子供たちが続出しているのだという。小学校で身につけた高い基礎学力とゆるぎない自信がうまくかみ合って、すばらしい実を結びはじめているのだ。

心地よい緊張感があると、子供たちは「やる気」になれる

何度もいうが、子供たちの「甘え」や「耐性のなさ」を放置しているうちは、「わからない・できない」は解消されない。つらいというのだから強制はやめよう、もっと負担を減らしてやろう、という迎合が、子供たちの「やる気」に水をさすからだ。目標を下げると努力するようになるというのは迷信にすぎない。むしろ、努力を避けるムードが強まるだけだろう。

やればできるし、やらなければできない——この鉄則を曲げると、たちまちがんばりは奪われてしまう。もちろん、子供たちの肉声は大切にすべきだが、かといって言い分をすべて認めてやる必要はない。ダメなものはダメとはっきり拒絶することで、ゆずれない限界点をはっきり示してやるほうがいい。心地よい緊張があるからこそ、子供たちは「やる気」になれるのだ。

また、強制すると子供たちの自主性がそこなわれる、というのは基礎学力というものの意味合いを知らない思いこみにすぎない。理にかなった強制のもとにがまんを持続するプロセスが

子供たちの自主性を伸ばすのだし、自分の弱点にきちんと向き合う勇気を育てるのだ。

さらには、負担を減らしたとしても、適当にお茶をにごす習性が身についていると、減らされたなりの勉強しかしないのは明らかなので、学力は低下するに決まっている。

ところで、なぜ子供たちは「甘え」や「耐性のなさ」に流されるようになったのだろう。すぐ「弱音をはく」ようになったのはどうしてだろう――こう設問しながらも、すでに回答の目安はついている。私たち自身もまた、そうした性向をかかえていたことを否定できないからだ。

実をいうと、子供たちがそうなるのもムリはない。世間にはがんばりをくだらない、ダサイとする風潮があふれているからだ。しかも、その責任は親の世代にもあることに気づいてほしい。子供たちががんばりを捨てるよりはるか以前に、お母さんやお父さんたちが耐えることから逃げはじめ、うまく感情をコントロールできない傾向を強めていたからだ。

八〇年代は消費社会がもたらされたことで知られるが、その真っただ中を生きたのがお母さんやお父さんの世代だった。全国的に均一なモノがあふれ、それを消費することが自己表現と同じであるかのような気分がひろまった。

その一例が、身近な消費の場としてのコンビニの登場だろう。テレビで宣伝されたモノがすぐ買えるのだから、耐えなくてもいい、がんばる必要もない、という風潮を生んだ。

時代はちがうが、私たちにもコンビニとゲーセンに明け暮れた時期がある。モノを消費する、子供に迎合した「ゆとり」導入は甘えを助長する！

ゲームで遊ぶという手っとり早い行動がムシャクシャした気分を消してくれたからだ。

一方、「ゆとり教育」というスローガンもかかげられた。家庭内暴力や少年非行が増えはじめ、学校現場でのいじめが大きな社会問題になった。そうした危機への切り札として「時間のゆとり」と「課題のゆとり」を導入して、余裕のある学びを保障しようというのがねらいだったようだ。

それから二十数年来、子供たちの問題行動が増える一方なのは「学校スケジュールが過密すぎるからだ」という声がどんどん大きくなり、学校による管理的なしばりをゆるめないと「子供たちが危ない！」というムードが全国的なうねりにまでなったのだ。

また、過熱する中学受験への反省をこめる意

味からの「もっとゆとりを！」という意見もあった。子供を人質にとられているのでさからえない、という被害意識からの学校バッシングも混じっていた。とにかく「学校への信頼度」は地に落ちたような感があったのだ。

だが、不思議なことがある。これほど学校へのいらだちが大声で叫ばれながら、「ゆとりの導入と学力の関係」について語られることは少なかった。しかも、学力推移の全国調査が実施されてこなかったため、教育当局は学力低下を公式に認めようとはしなかったのだ（抽出方式による小中学生を対象にした全国規模の学力テストが二〇〇二年一月末に実施された）。

しかし民間のデータは、七〇年代から学力はゆるゆる低下してきて、八〇年代にはさらに落ちこみ、九〇年代には例の「七五三」が定着したことを示している。これは疑えないので、親世代のかつての勉強への向き合いかたにメスを入れて、まず「ゆとりと学力のつながり」の解明からはじめないと、「ゆとりが学力低下の原因のひとつでは？」という疑問は消えない。

しかし、そこは素通りにされた。親たちの世代が種をまいた「がんばるのはイヤだ！」という風潮をきびしく検証することを抜きにして、目標を下げることばかりが急がれたのだ。

そして「ゆとり教育」の仕上げとして、「学校完全週休二日制」が導入され、それにともなって授業時数が減らされることになった（二年生以上で年間七十時間）。授業時数が減ると消化できないところが生じるので、内容も三割削減された。授業で消化できるかどうか、全員がわかるかどうかが尺度にされ、勉強の中身が薄められたのだ（二〇〇二年四月より完全実施）。

家庭のサポートが、多様化する学校カリキュラムを支える

いわば「最悪のシナリオ」が採用されたのだが、ただでさえ学力が低下しているのに、内容まで減らされるとどうなるかは自明だろう。私たちの経験からすると、授業でやらないものが身につくはずがないので、全体の学力レベルがさらに低下するのは避けられない。

当局のねらいは、「むずかしい授業」を次学年や中学などに先送りすることで「時間のゆとり」と「課題のゆとり」を実現し、最低限の学力を身につけさせることにあるらしい。といっても、三割の「授業についていけない子供たち」を救うためにレベルを下げ、「授業がわかる子供たちの比率を上げる」ことが本当の眼目であることなどすぐにわかる。

その後、これは「最低基準を示すものにすぎない」ので「もっと進める子供には範囲を超える内容を教えてもいい」と手直しされた。内容が三割カットされても、プリントなどの教材をくふうしたり、市販のドリルなどを活用したりして、カットされた部分を教えるのはかまわないとされ、現場の先生向けの「範囲を超えた授業」への指導書も用意された。

この手直しは、各方面から「ゆとり教育」への批判が寄せられたことを受けて、教育当局が方針を変えたことを意味する。先に紹介した兵庫県の小学校の先生がたなどは、当初は「これ

は最低基準を示すもの」といわれなかったので、自分たちは「逸脱している」と非難されるのではないかと心配したらしい。だが、この先生がたの方向はまちがっていなかったのだ。

ちなみに、アメリカでは七〇年代から「自主性の尊重」と「負担の軽減」を柱にして「ゆとり教育」が進められてきた。スローガンは「学校の人間化」だったが、それは「学力の低下」と「学校の荒廃」を招いただけだった。それへの反省から、八〇年代に「教育再建による『強いアメリカ』の復活」が提唱され、とくに「理数教育」の強化がすでに開始されている。

しかも、アメリカが見習うべきモデルとしたのが、かつての「日本の初等教育」であったとは、なんとも皮肉な話だ。アメリカが進めたスローガンを参考にしてわが国が「ゆとり教育」を導入したころ、すでに当のアメリカが正反対の方向へカジをきっていたのだ。

また、当局の方針変更に力を得て、「わからない」子供たちを救済することと、「わかる」子供たちを伸ばすことを分離してとらえよう、三割の「わからない」子供を助ける方法は考えなければならないが、「わかる」子供たちが困らないよう、補充コースや基礎コース、発展コースなどを設けて、習熟度別のていねいな授業をするほうがいい、という提案もなされた。

もろもろの声に押されて、小学校低学年に副担任を置いたり、少人数クラス（二十五人）をめざしたりする動きも見られる。さらに、十五分単位で時間割を構成する「モジュール授業」も試されるようになった。モジュールとは「部分・かけら」という意味で、授業時数が減るこ習熟度別の授業を活用して学力を大きく伸ばそう!

とで各教科の目標時間が四十五分単位では割り切れなくなることに対応するものだ。

たとえば、始業前や下校近くの時間帯に、子供たちが集中を持続できる適度な時間の一モジュール（十五分）をメドに、漢字や計算の練習をさせる。短い時間内での「やった!」という達成感は子供たちを勇気づけるので、基礎学力を向上させるのはまちがいない。

しかも、これらの「学校が変わる!」を教育当局が後押ししているのは心強い。毎日やったほうが効果的な学習もあれば、長時間かけないとダメなものもある。授業時間の運用をそれぞれの学校の判断に任せたのは英断だろう。

途中でジグザグはしたが、当初の「最悪のシナリオ」が修正されたことを歓迎したい。しかし、子供たちが「甘え」や「耐性のなさ」を克服し、例の「七五三」を過去の遺物にするには、これだけでは十分ではない。

　繰り返しになるが、まずお母さんやお父さんたち自身が勉強を「やらされた」という感情をクリアし、消費社会のなかで「がんばりなどくだらない」という風潮に流されてきたことへの反省を急いでもらいたい。親としての「心の視力」をみがいてかからないと、子供たちが心の底から「主人公は自分なのだ！」と実感できるようにはならないからだ。

　学校が変わろうとしているのだから、家庭のありかたも変わっていい。子供たちがイライラした感情をかかえてストレスをためこむのも、すべて親たちの考えや行動をマネたもの、というくらいのきびしい目をもってほしいのだ。

　たかが大学生のくせに！　と思われるかもしれないが、勉強というものへの感性のリアルさについては、現役の私たちのほうが鋭いと自負している。子供たちのがんばりの源泉になるのは、それぞれの「家庭らしさ」のほかにはないのだ。たとえ単親であっても、祖父母と同居していても、かならずその家庭らしさは発揮される。温かい力で支えてやらないと、多様化する学校カリキュラムを乗りきるだけの勇気が育つことはないだろう。

「絶対評価」と「偏差値」の意味をよく考えておこう

　最後に、学力の評価法が変わったことと、いわゆる偏差値について考えておきたい。まず評価法は「相対評価」から「絶対評価」へと改められた。ほかの子供たちとの比較ではなく、本人がその教科の目標にどれだけ近づいたかを見る達成度が評価されるので、意欲や関心、思考力の高さなどが重視される。つまり、テストの点数だけでは決まらなくなったのだ。

一、二年生は、興味や関心の持ちかた、意欲があるかどうか、などの姿勢を分析するだけなので、段階的な評価はしない。基礎のなかでもさらに基礎をやる学年なのだから、達成度がどうのこうのといわないのは好ましい。元気でさえあれば問題はないだろう。

三年生以上からは三段階（1・2・3）で示される。「十分満足できる」が「3」、「おおむね満足できる」が「2」、「努力を要する」が「1」になる。「優」や「秀」という序列化する表現はなくされたが、先生の評価という重みがある。親としての評価と大きくちがうと思えるときは、子供たちの日常の行動などに問題があるかどうかに注意したい。

こうした評価は、ある程度のスパン（期間）をもって見守る必要があるので、あまり一喜一憂しないことが大切だ。たとえ評価が低くても、感情をおさえた対応を心がけたい。

さて、「偏差値」については、いろいろと誤解があったようだ。偏差値とは、平均値を五〇として、それからのへだたりを示す数値なので、テストをする集団や問題が同じという条件でのみ有効になる。テストのさいの「でき」で偏差値は変動するが、ふつうは最高が七五ほど、最低が二五ほどの幅で示され、校内偏差値、学区内偏差値などとして使われる。

かつては公立中学校で業者テストが実施され、その偏差値をもとに受験志望校のしぼりこみが行なわれた。だが、学校や偏差値まかせで子供たちは幸せになるのか、という批判の声があがり、さらには「学校二割、親八割の教育」という意見も出された。学校にまかせていいのは二割で、残りの八割は親たちが引き受けようというものだが、こうした流れを受けて、教育当局が業者テストの禁止通知を出したといういきさつがある（九三年）。

私たちも「家庭の力」に信頼をおいているので、お母さんがたの「学校まかせ」の体質は改めてもらいたいと思う。また、小学校が偏差値を導入することなどありえないので、それにとらわれる必要はない。だが、偏差値そのものは「悪」でないことは知っておいてほしい。

この偏差値が役に立つのは、中学受験を考えるときだ。大手の進学塾などの公開テストをもとにした合格可能偏差値は信用度が高いので、志望校を決める有力なデータになるだろう。

本書には勉強のやりかたのコツがたくさん盛られているが、それを生かすのは、お母さんがたの熱意のほかにない。子供たちを学力低下から救ってやるのは親としての使命ともいえるのだから、温かい手でそっと背中を押して、勇気を与えてやることから始めてほしい。

家庭の力で支えてやると、勉強での難所はいくらでも乗りきることができる。子供たちはたくさんの可能性を秘めているのだから、いったん灯がともれば消えることはないだろう。

第1章

親の協力で学力を伸ばす「家庭学習」のコツ

まちがった勉強法では基礎学力は身につかない

授業では「わかる」のに、自分でやってみると「できない」

例の「七五三」は、5段階評価のもとでいわれたものだった。公立小学校で三割の「わからない」が発生していることへの警告であると同時に、全体の学力レベルの大幅な低下をとらえる表現でもあった。そこには、七割の「わかる」の中身への不安がこめられていたのだ。

かつての相対評価は、全体のなかでの学力位置を計測するやりかただったので、「ふつう」が3、「とくに優れている」が5、「はなはだしく劣っている」が1とされ、4と2はその中間になり、これをもとに学年やクラス単位で5や1をつける割合などを決めていた。

この基準によると4の評価は優れているほうに属するはずだが、算数での4を「わかる」けど「できない」レベルと判定するきびしい意見もあった。そうした見かたによると、標準を示すはずの3は「わからない」になり、すでに落ちこぼれていたことを意味する。3でそうなのだから、2や1というものがどの程度だったのかを考えるのが恐ろしくなってくる。

そして、最高の5評価でようやく「わかる・できる」になり、その比率は五パーセントといわれたので、四十人学級では二人しかいなかった計算になる。地域差や学校差があるので全国一律にはいえないが、「わかる」の中身が信じがたいほど下落していたことは疑えない。

当たり前のことだが、３段階評価が導入されても、学習内容が減らされても、学力のありかた自体にメスを入れなければ根本のところは変わらない。評価の観点を改めても「できない」が「できる」になるわけではないし、内容を減らして目標を下げると「わかる」の比率は上がるだろうが、全体のレベルがさらに低下することを防げないからだ。

では、どうすればいいのか？　そのカギは、算数での４評価が「わかる」と「できない」とに分離する原因をつきとめ、「わかる＝できる」にするには何が必要かを考えることにある。

授業では「わかる」のに、自分でやってみると「できない」ということは珍しくない。算数でいうと、二年生以降から本格的になる「＋－×÷」の四則計算の性質が「わかる」であっても、「できる」にすぐ手が届くわけではない。だが、まったく心配はいらない。ある程度の問題量をこなすこと、計算のしかたを身体で覚えてしまうこと、それだけで突破できる。

授業での「わかる」を、練習で「できる」段階にまで高める

なぜ「わかる」と「できる」が分離するかを考える前に、学年ごとに発達する能力のちがいが見られるので、「わかる」と「できる」との関係が変わっていくことを知っておきたい。こ

こでの「わかる」とは認知的な知能のこと、「できる」とは手続き的な知能をいう。

算数でいうと、低学年のころは「できる」ことがすべてで、「わかる」ことの意味合いがわからないのだという。そのため「できなければ↓わからない」という回路がふつうになる。テストで○をもらうと「できる」になり、×だと「できない」と信じるわけだ。

中学年になると、逆に「わからなければ↓できない」という傾向がだんだん出てくる。「わかる」の意味が少しずつわかってくるので、わからなければ満足しなくなるのだろう。高学年ではその傾向がさらにはっきりしてきて、「できる」のほうが先にきて、「わかる」が後になるという、発達における時期的なズレが生じるものらしい。

私たちの経験からしても、ある程度の量をこなすと「できる」は達成できるが、それが「わかる」と断言できなかったのはそのとおりだろう。低学年のころの記憶は定かでないが、中学年以降のことはよく覚えている。「できる」と「わかる」とのズレを感じながら、それでも問題をこなしていくと、少しずつ「わかる」に手がとどいたように記憶している。

その例が、分数どうしのわり算では、わるほうの逆数をかけるという計算のしかただ。その理由を「わかる」のはむずかしいが、問題を解いて「できる」を繰り返すうちにパッとひらめくものだ。漢字も同じで、部首や構成などが「わかる」つもりでいても、読みと書きを身体に覚えさせて「できる」にした段階で、ようやく漢字そのものが「わかる」になるからだ。

身体で覚えさせると「できる」「わかる」が結合！

ここで疑問が発生する。先ほどの算数での4評価の「わかる」けど「できない」というのは本当だったのだろうか。通常は「できる」が先で、ついで「わかる」に進むはずだからだ。

私たちにはピンときた。授業で「わかる」つもりになって、それを「できる」ように練習しなかったせいなのだ。よく「練習でできないものは本番でもできない」といわれるが、大人には「わかった！」ですむことでも、子供たちには身体で覚えさせることが大事なのだ。

先生がたは「わかる」にさせるのがしごとだが、それを「できる」に仕上げ、さらに「わかる」を深めるのは子供たちのしごとなのだ。

何度もいうが、3段階の絶対評価が導入されようが、学習内容が軽減されようが、子供たちのしごとは変わらない。習熟度別クラスが実施されるのだから、しごとへの意欲がさらに強くないとパワー切れの心配すらあるのだ。

　学校では教えるだけで手いっぱいで、練習の時間がとれないこともある。熱心な先生がたほど授業内での「わかる」にすごく時間をかけ、「できる」に欠かせない繰り返し練習のほうは宿題にする傾向があるらしい。では、その宿題をきちんとこなせているだろうか？

「できる」に押し上げる決め手は「家庭学習」にあり！

　プリントのお土産がうれしいはずがないので、私たちもイヤだった。だが、こなさないと先への見通しが持てなくなる。そんなときの味方が「宿題が先なの？　それとも……」というお母さんの呼びかけだった。自分が決めていい！　というメッセージがうれしかったので、まず時間の調整をしてから、十五分ほどがむしゃらに集中したように記憶している。

　先生がハードにやらせてくれるとかなりの達成度が見こめるので、三年生ころまでは宿題をこなすだけで十分だろう。宿題だからやるというよりも、家庭学習をかならずやって授業をきっちり補足する、それが翌日の授業への姿勢を育てる、という考えかたが正解だろう。

「わかる」のなら「できる」を急ぐ必要はないという意見をときどき聞くが、私たちはそう考えない。それでは「わかる」と「できる」の順序が逆になるし、二つの落差を埋めるためにはある程度の量を、しかもスピードをめざして訓練するしかないと信じているからだ。

算数でいうと、計算ははやいが、まちがいがある。正解はできるが、制限時間内に全問を解けない。このどちらも「できる」とはいえない。もちろん、じっくり考える時間がなければ困るが、それは授業で終えている。家庭では、ひたすらスピードと正確さをめざすのがいい。

しかも、三年生ころまでは「満点がとれる」のが当たり前と考えてもらいたい。数字を書いて計算する筆算のスピードと正確さが上昇すると、暗算能力もグングン押し上げられる。その時点での「わかる・できる」は、かならず四、五年生で花を咲かせるだろう。

ここでスピードをめざす意味は、自分でタイムを計って、前回より短い時間で終わらせようと集中するためだ。もちろん他との比較も参考になるが、それ以上に、自分を目標にすることの効果が大きい。むやみにせかすのとはちがうので、マイナスの気分も生まれない。

世間で評判になるほどの塾では、タイム競争が当たり前になっている。各人にストップウォッチを持たせて、学力段階に分けられたプリントをこなすだけで高い基礎学力を身につけさせる塾もあるらしい。一モジュール（十五分）を集中時間のメドにするといいだろう。

ちなみに、小学校での「＋－×÷」の四則計算がすらすらできると、中学での数学の授業まで「わかる」ようになる。基礎的な計算力がしっかりしていれば、なんとかついていくことができるのだ。それを証明するのは、落ちこぼれた中学生に小数や分数の計算をしっかりやり直させると、ひとまず「授業についていける」ようになる事実があるからだ。

なかには九九も満足にできない中学生がいるらしいが、その責任はお母さんにもある。家庭学習のクセは生活リズムがきちんとしなければ身につかないので、小学生のころからやんわりと管理してやるべきだろう。ただし、何でもかんでもせかすのは親のいらだちをメッセージするだけなので、マイナスの効果しかないことも知っておいてほしい。

まず、家庭での「勉強グセ」を習慣化させてやろう！

学校の成績は、もって生まれた素質や能力の結果ではない。とくに小学生の成績には、親からもらった遺伝子などまったく関係しない。東大生の親に高学歴者が多いのは事実らしいが、それらの親たちの知能が子供である私たちに遺伝した、などと考えるのはバカげている。親たちが一代をかけて身につけた知識や技能がポンと伝わるはずがないからだ。

ただし、ある種の才能が遺伝することはたしからしい。最も関連が大きいのは体育と図工と音楽だといわれ、算数や数学の才能はそれほど関連がないのだという。ところが世間ではしばしば「算数ができないお父さんの子供だから……」という表現がされる。お父さんが算数を苦手にしたのは事実かもしれないが、それが遺伝することなどゼロと考えていいのだ。

では、何が遺伝するのか？　それは「勉強グセ」だろう。たとえば、好奇心にかられて事典などを調べる、器具などを分解して仕組みをわかる、好きな音楽の和音進行を覚えてしまうなど、結果を出すまであきらめない性質そのものが「勉強グセ」と呼べるのだろう。また、それは持続することが苦痛にならない「がんばりグセ」と呼ぶこともできる。

より正確には、そうした才能が遺伝するというよりも、俗にいう「親の背中」がいつしか子供たちに何かを教えたのだろう。程度に差はあるが、私たちがふつうよりも勉強グセを身につけているのは疑えないからだ。しかも、その根っこを育ててくれたのはお母さんだったし、芽の伸ばしかたを示してくれたのはお父さんだったような気がする。

たとえば、宮崎県出身のM・T君がいい例だろう。父親は中学を卒業しただけの大工さんだが、彼のほうは公立中学から県立宮崎大宮高校をへて、現役で東大文Ⅲに進んでいる。

「ふだんは何もいわない父親だったが、要所はしめていたように思う。勉強しないで遊びこけていると、野球をやめさせるぞ！　とどなられたが、それはケジメをつけることの大切さをいったのかもしれない。母親のほうは、新聞や本を読むようにと結構うるさかった。漢字の書き取りもやらされたので、横着して手を抜くなと教えてくれたのかもしれない」

と語ってくれている。夏休みにノート一冊に漢字を書いていく宿題があったが、めんどうなので残りの十ページを切りとったところ、それがお母さんにバレてしまった。さらにもう一冊を二日で書かされることになったらしいが、こうした親子のかけ引きはほほえましい。

その教育パパとママぶりは、ときたまお父さんがガツンとやり、お母さんがこまめに目を配る程度なので、きわめてふつうだったと思える。しかし、このふつうというところに極意があるのかもしれない。お母さんは「やらせる」というせかしを減らして、子供のほうが「自分からやる」へカジを切ったかのように、うまく誘導しているからだ。

世間にはものごとの勘どころをつかむ名人がいるもので、それは学歴とまったく関係ないようだ。おそらく父親は「しごとのコツ」をつかんでいて、遊びとしごととのケジメをつけることに厳格だったのだろう。そのおかげで、彼に勉強グセをつけさせることに成功したのだ。

彼は図工が得意なところも父親に似ているが、もっと似ているのはスポーツ好きなところだろう。小学校から野球をはじめ、中学から高校でも野球部でハードな練習にはげんだ。そして東大に合格してからも硬式野球部に所属し、あの神宮球場ではレギュラーとして活躍した。

こう見てくると、最大の課題は「勉強グセ」をつけることだとわかる。「家庭学習をしないと気持ちがわるい！」と思えるようになるまで、やんわりと管理してやってほしい。それを誘導するのは、お母さんでもお父さんでもいい。もちろん、祖父母でもいい。子供たちが「なるほど！」とうなずけるだけの尊厳を示すことができるなら、それは誰でもかまわないのだ。

まちがった「のびのび主義」は子供たちをダメにする！

先ほどの遺伝にからんでだが、親の才能が自分に伝わっているのではないか、と最も気にす親のケジメを示して「勉強グセ」をつけてやろう!

るのは小学校の中学年くらいの年齢なのだという。優秀という方向ではなくて、劣等感に結びつく方向への不安を持つらしいので、子供たちができないことを「お父さんに似たのかな!」などと口にするのは禁物らしい。

その反対に、自分は子供時代に「できた」という経験にしばられて、親に似ると成績はいいに決まっていると思いこむのもよくない。やれば「できる」はずなのだから、しばらく勝手にやらせておこうという放任タイプがそれだ。

高学歴の親たちほどそうなる傾向があるようだが、成績が悪いのは先生の授業がよくないからだとか、成績表のつけかたがまちがっているからだ、という責任転嫁をともなうらしい。

自分が子供のころの成績がよかったのは「頭がよかった」からと信じこんでいるところがす

でにおかしいのだが、ただの放任を「のびのび主義」とカンちがいしているところがもっと問題をややこしくさせている。もちろん、子供たちに任せてみるのは大切だが、それは先行きの歩みを見通すことで有効になるものなので、ただ好きにさせることとは別なのだ。

　そうした親には落とし穴が待っている。成績が伸びないのにシビレを切らして、一気にスパルタに転向することがよくあるからだ。急にがんがん勉強させても結果はすぐに出ないし、子供たちなりの自尊心も傷つく。親のほうが子供たちのあるがままを見る勇気が持てないのだから、子供たちも自分というものの輪郭にだんだん自信が持てなくなってしまう。

　成績が伸びないのは、頭が悪いせいではない。勉強グセがついていないうえに、勉強のやりかたがわからない、どこにつまずいているかがわからない、という「ないないづくし」に原因があるのだから、そこの手当てを急いだほうがいい。しかも、目先の課題に集中させることによって、早く結果を出させること。たった一度の成功体験がカンフル剤になるからだ。

　ここでのポイントは、子供たちの人格をないがしろにする対応をやめることだ。まず短期間の集中をさせてみて、「わかる・できる」を経験させることで、ゆらぎかけた子供たちの自信や勇気がふたたび育ちはじめるのを見守ってやる。これだけで十分だろう。

　要するに、のびのびと称して「座して待つ」のはよくないし、その反対にスパルタで「しごく」のもよくない。また、親がこしらえた「鋳型にはめる」のもよくない。だが、子供たちに期待することが悪いはずがない。その時点での子供たちの身の丈に合わせた期待を寄せて、はげましの姿勢を示してやればいいのだ。

ここでいう姿勢とは、子供たちとの距離感のとりかたであることに気づいてほしい。さらにいえば、子供たちが目標にどれだけ近づいたかを見る絶対評価を見習って、その努力をもれなく認めてやる、親としての覚悟でもある。

だからといって、何にでも甘い態度がいいのではない。子供たちが自分勝手だと思えるときは「しかる」ほうがいい。「しかる」とは、どう生きるべきかを短い言葉で伝えてやることなのだから、遠慮などいらない。

ただし、そこに親たちの人生観がにじんでいないと、子供たちの心のなかに何かを残すことはない。先ほどのＭ・Ｔ君のご両親を参考にして、ごくふつうの教育パパとママをめざしてほしいものだ。

子供たちの「わからない」をいっしょに探してやろう！

親たちが成績に気をもむのはしかたがない面があるが、それよりも、どこまで「わかる」のか、どこまで「できる」のか、どこから「わからない」のかを、子供たちといっしょに探すための一歩を踏み出すのを急いでほしい。この共同作業が、すべてのカギを握っているのだ。

最初のうちは、子供たちは自分の弱点をぼんやりとしかわかっていない。苦手と感じてはいても、どこがどう「わからない」のかがつかめていないのだ。あるいは「わからない」に目をつむりたい気持ちが大きくて、その原因に気づくのがこわいのかもしれない。

そこを突破させるのは、お母さんとのやりとりが感じさせてくれる温かさだ。あなたはダメな人間なんかじゃない、というメッセージが伝えられると、勇気をもって弱点にメスを入れることができる。親のほうが「どこなの？」と抑圧的にならないことが大事だろう。

算数では、問題をじっくり解かせてみるとわかりやすい。くり下がりができない、余りのあるわり算ができない、分数を約分するときの共通の数（公約数）の見つけかたがわからないなどの「つまずき」がかならず発見できる。計算の手がストップしたところが難所だとわかるので、「自分でわかるなんてすごいね！」と、ちょっと得意がらせてやるのもいいだろう。

お母さんが指摘してくれたとわかっていても、うれしいことに変わりはない。お母さんにヒントをもらって問題を解いてみると、今度はうまくいく。そんな達成感と満足感が「やる気」を育てはじめるので、つぎはどの問題をやるかを子供たちに任せてみる。そのときに「それが解けるともう安心だね！」とイメージを付加してやると、終えたときのうれしさはさらに大きくなるだろう。

どこまでも独力でやっているのだという自覚を持たせながら、その意欲をうんと評価してやる。これを繰り返しているうちに、「やる気」は本物になっていく。先ほど「子供たちに任せる」のは先行きを見通したうえでないと有効ではない、といったのはここなのだ。

ところが、私たちが家庭教師をした経験によると、まず子供たちの「やる気」のなさに驚かされる。しかも「わからない・できない」の個所をかくすので、どこから手をつけていいのか途方に暮れるほどだ。そんな子供たちは「わからない」にぶつかったことで追いつめられ、すぐ逃げたがるので、自分の弱点を見つめる勇気が持てないでいるのだ。

子供たちをそうさせたのは、お母さんがただ。グチやせかし、叱責などを浴びせられると勇気がなえてしまうのは当然だろう。家庭教師にあずけるのもひとつの方法だが、お母さんがたが残したツケを払っていく作業はやさしくないし、かなりの時間もかかる。

そんなとき、私たちは授業より少し前の段階をやらせる。やさしい問題でも「できた！」という満足感が生まれるので、そのときを新しい出発点にするのだ。逃げない姿勢と「やる気」が持てるようになると、いまの授業レベルに追いつくのは時間の問題だろう。

とにかく基礎のうちは頭脳よりも、身体の勝負になる。しかも「つまずき」には共通点があり、そこが各教科の難所でもある。じっくり「わかる・できる」を体験させながら、パッと子供たちの顔が輝いたら一気にスパートする。逃げない姿勢と「やる気」があれば、もうこわいものはないので、例の理にかなった「つめこみ」を開始すればいいのだ。

練習ノートが増えるにつれて、自信と「やる気」が出てくる！

みんなが「つまずき」やすいところが勉強の難所なのだから、そこを越えるのは簡単ではない。だが逆にいうと、そこを得意にすると教科全体を乗りきることができる。しかも楽しみながらやれて、その成果が目に見えるようだと、子供たちはがむしゃらな努力にも耐えることができる。そのためには各人に合わせたくふうが必要になるだろう。

手っとり早いやりかたは、練習ノートを残しておくことだ。「つまずき」やすい個所では、やさしい問題の量をこなすことが大事なので、漢字でも計算でも、制限時間内に終わらせることを目標にしながら、かならずノートに書くようにする。それを机に積み重ねていくと、力がついてきているという充実感が持てるし、宝ものを秘蔵するような楽しみも味わえる。

子供たちには「みんなに早く追いつけ」というマイナスの圧迫を加えるよりも、「これを終わらせるともっと力がつくぞ」という前向きな勇気づけが有効になる。描いた絵を壁にはるのはよくやる手だが、それを他の教科にも応用すればいいのだ。

勉強する時間をくふうするのもいい。たとえば一モジュールの「つまずき解消タイム」をつくって、それを終えてから授業の復習をやるなど、過去と現在の二本立て学習をするのも有効だろう。いま「できる」が維持できている子供たちでも、案外と盲点をかかえているものなので、あともどりトレーニングと新しい学習へのチャレンジを並行させるほうがいいのだ。

つまりは復習をやらせればいいのでしょ？　と早飲みこみされると困る。授業の内容をやり直すだけではなくて、もっと前の「つまずき」の根っこを探して、そこから現在までを一連の流れのなかでつかみながら、早く正確にやる練習を繰り返すのだ。

それだけで自然に学力は上がっていくが、もっと大きいのは子供たちが自信を持つようになる点だ。流れをつかんでいる、という自信がさらに勉強グセを強固なものにしてくれる。

たとえば音楽演奏での上級者というのは、たんにむずかしい曲が弾ける人をいうのではなく、やさしい構成の曲にもすばらしい味わいを持たせられる人のことをいうのだと理解したい。上級者になるほどおさらいの時間は短くなるが、このトレーニングをやることが心身のバランスを整え、むずかしい曲に向かう勇気を育てるのだろう。

お母さんがたは、子供たちを一気に「できる」にさせようと力まないほうがいい。いまぶつかっている「つまずき」を解消する手助けをしてやり、まず自信を持たせることが優先事項なのだ。自分はやれるようになった！　自分にはできる！　という自信が育つと、気持ちのなかの「逃げ」が消えて、その空いたところに「やる気」が入りこむものなのだ。

まずもって子供たちを信じる。これが、お母さんがたの最大のしごとではないだろうか。

学年ごとの発達に応じた働きかけで学力を伸ばす

子供たちの発達に合わせた「ムリなくムダのない」家庭学習

子供たちが成長する過程は、何を学習するのかという内容面と、心身が発達していく面との二つに分けてとらえる必要がある。とかくお母さんがたは学習面に気をとられがちで、しかもその発達段階にそぐわない要求をしてしまうことがある。それが子供たちを意味もなく追いつめることがあるので、ここでは各学年ごとの大ざっぱな特徴をとらえておきたい。

当たり前のことのように思えるかもしれないが、家庭教師などをした経験によると、そうではない。多くのお母さんがたにカンちがいが見られるのだ。私たちは、「ムリなくムダなく」が勉強においての理想だと考えているので、お母さんがたもそれを心がけてほしい。

以下は、私たちの子供のころの記憶をたどりながらまとめたものだが、教育方面の学科に進んだ仲間たちの知識とチエを借りたことをことわっておこう。

子供たちはそれぞれの個性の芽を持っているが、またその学年によって心身の発達の特徴も大きくちがってくる。学年が進むごとに、子供たちは運動能力や精神活動での能力を発達させながら、はっきりとした個性をつくりはじめる。同じような意地っぱりでも、一年生と六年生ではまるで異なるのだ。もちろん、男女の区別も大きな要素になるだろう。

また、同じ学年でも心身の発達のしかたがちがうので、その持ち味は同じではない。それぞれの顔がちがうように、家庭ごとの育てかたや、興味を持つ対象などがちがうのは当たり前なのだから、ほかの子供と比べることに意味などないことに気づいてほしい。

といっても、基本的なところでの特徴には共通するものがある。その段階にぴったりの働きかけをしてやると、潜在させている能力をグングン伸ばしてやれる。その子らしい個性を認めてやりながら、心に栄養を与えるような温かい接しかたをすることが決め手だろう。

一年生――機械的な記憶力と想像力が伸びる

すこやかに育っていると、運動面でも精神面でも心配はいらない。しかし、まだ幼児から児童へと移り変わる時期なので、いきなり「そんなことできるでしょ！」と突き放すのは早すぎる。一人前として認めてやりながら、まだ残っている幼さにも気を配ってやりたい。

汚い言葉を口にしたり、大げさなことを語りたがったりするのが特徴のひとつだが、そのつど直そうとしなくてもいい。下品なことに関心を持ったり、やたらに攻撃的な言葉を投げつけたりするのも発達のうちと考えてもらいたい。

ほとんどが「おふろの算数」を終えてきているので、数をかぞえる能力は高い。だが、五十や百まで数をかぞえることと、数をわかることとは別なのだ。1・2・3と数詞を唱《とな》えているだけなので、オハジキなどを正しくかぞえられなかったりする。また、足し算や引き算をやらせる幼稚園もあるらしいが、それも数がわかったうえで計算ができているわけではない。だが、そこは心配しなくてもいい。具体物（数え棒やタイル）を使って「できる→わかる」を根気よく重ねていけば乗りきれるからだ。一年生を修了するまでに1けた数の足し算と引き算ができれば十分なのだから、学校が楽しくなるような雰囲気づくりをしてやりたい。

漢字でも同じだ。カードなどで覚えさせる幼児教育があるが、それで書けるようになるわけではない。また、その先どり効果は三年生ころには消えるともいわれる。雑音にまどわされずに、授業の復習をして、身体で覚えるクセをつけてやることに気をつければいい。

家庭での勉強時間は、まず十五分だけ集中できるようにさせたい。すぐに自分から集中できるようにはならないが、やりたいという気持ちは強いので、少しずつ時間が延びてくる。場所は食卓のテーブルでもいいので、家事をこなしながら、気長に見守ってやること。○をもらうと「できる」と信じ、×だと「できない」と信じる段階なので、ほめられることがいいこと、しかられることが悪いこと、と判断する。お母さんや先生にいわれたことが絶対的なものになっているので、「しかる・ほめる」の意味を整理しておくことも必要だ。

共感をこめたメッセージが前向きな姿勢を育てる!

しかると子供たちはうまく育つという意見もあるが、かならずしもそうではない。ほめるも同じで、親の言葉がどう伝わるかをわきまえていないと、逆の効果を生むこともある。ものには程度があるのだし、そこに感情がまじることの危うさもあるからだ。

お母さんがたには「しかられたことは覚えているのに、その内容は忘れた」とか、「中身は忘れたが、イヤミなことをいわれた」という経験があるはずだ。しかられた、イヤミをいわれたというメッセージだけが残るという心理のありかたは、小さな子供たちも変わらない。

まず、親の言葉は三段階のメッセージを届けることに注意してほしい。一番めはその文字どおりのもので、「汚しちゃったの?」といえば、たんに疑問などをメッセージするだけだ。

ところが、声の調子や、顔つき、身ぶりなどがそれ以上のものを伝えるのが二番めのレベルで、同じ言葉でいっても「何で汚したのよ。だからいったでしょ！」という怒りのメッセージとなる。しかも、この二番めはいつまでも残るので、イヤな感情がずっとつきまとう。

さらにテーブルなどを叩いてみせると、三番めのレベルになる。私はダメな人間なんだ、お母さんはそう思っているんだ、という残酷なメッセージになる。

また、ほめるのメッセージにも多層性がある。何でもほめられると、子供たちは「そうしろと命じている」と受けとるし、つまらないことをベタベタほめられると「自分はまだ信頼されていないのだ」というネジレた感情をいだいてしまうので、しかられたのと変わらない。

あえて言葉にしなくていいのだが、「これ大好き！」「それはイヤだな！」など、どう感じたかを伝えてやるのはいい。評価しようとすると緊張するので、ごく自然に、子供たちの気持ちに寄りそってみることが大切なのだ。

こうした心得には賞味期限というものがないので、ずっと活用してもらいたい。

二年生――自己肯定感が大きく育つ！

学校に入りたての緊張感が消えてきて、少しずつ競争心が芽生えはじめ、何かを達成しようとする意欲を持つようになる。

自分から集中できる時間が延びてくると同時に、遊びと学習との区別がはっきりできるようになる。相手とのあいだでものを考えるようになり、自己中心的な発想が消えていく。そのため、ほかの子供たちとケンカしたり、失敗したりすることをこわがるようになる。グループが生まれ、仲間といっしょが楽しくなる一方、仲間ではない相手の心をグサッと刺すような悪口やいじわるも得意になってくる。

だんだん自分の考えで判断するようになり、お母さんや先生にいわれたことが絶対的ではなくなってくる。表面的には従順なように見えるが、気持ちはそうではない。親にムリな「つくり笑い」をするようになるのも、自立への芽を育てはじめるせいなのだ。

数のほうでは、だんだん抽象的な考えが根づいてくるので、百の位（3位数）や千の位（4位数）が扱えるようになる。また、乗法の意味がわかり、九九を覚えることもできる。

話しかたが整理されてきて、文章の形をとりはじめ、「てにをは」などの助詞もうまく使えるようになる。だが、まだ自分の気持ちにまで踏みこめないので、「……でした」と見たままを並べるなど、文章を書くほうはまだまだの域にとどまる。

三年生——公平感が育って父性への傾斜がはじまる

いよいよ児童期の特徴が目立ちはじめ、あきれるほど活発になる。顔つきもしまってくるので、少年らしさや少女らしさを示すようになる。幼児期のキンキン声でのしゃべりかたが消えてきて、その表現する内容が深まってくる。もう幼くないという自覚がそうさせるのだ。

また、黙読する能力が育ってくるので、どんどん読むスピードが上がる。それにつれて読書量が増えはじめるので、この時期に読書グセをつけておくといいだろう。

数では、抽象的に考える力がついてくるので、わり算の意味、長さやかさの単位の関係、いろいろな図形の性質などをとらえられる。かつては小数と分数の計算をスタートさせたが、それらを理解するだけの能力は育っているので、それなりのムリを強いても平気なのだ。

記憶力の伸びもめざましい。二年生の九九が覚えきれないのは怠慢のせいなので、目と耳と口を使って完全なものにさせておきたい。自転車で遠くまで冒険する勇気があるのだし、それだけの能力もあるのだから、「つめこみ」は決して苦痛にならない。

さらに自己中心的な考えかたがなくなる一方、情緒の面では泣き虫をやめる。ところが、ほかの子供たちがどう評価されるかが気になりはじめるので、先生の行動や態度を見守るようになる。特定の子供だけがエコひいきされるのはゴメンという気持ちが大きくなり、ときには先生を批判の目で見ることもある。みんな均等にあつかってほしいからだ。

こうした公平感からする批判の目は、かならず家族にも向けられる。「うちの家族」という意識を強めはするが、なぜかお母さんのいうことを聞かなくなることがある。その反面、お父さんのいうことには素直になる。母性的なきずなを切り、父性的なものを求めはじめたのだろう。とくに男の子がそうした傾向を強めるので、お父さんは頼もしい背中を見せてやるようにしてほしいものだ。

四年生――抽象的な思考力や計算能力が伸びる

かなり個人差が見られるようになり、その子らしい特徴がはっきりしてくる。教科への好き嫌いや、得意と不得意も出てくるし、成績の差も大きくなってくる。自分でもそうした個性化を自覚するようになるので、ほかの子供たちとのちがいや、勉強ができるできないは親からの遺伝的なものではないか、などと気にするようになる。

塾に通う子供たちが増えてくるので、勉強や成績についての関心が高くなり、どうやったらもっと成績がよくなるかを考えはじめる。その延長から、家庭内ではますますお母さんのいうことを聞かなくなり、お父さんの意見や経験などのほうを尊重する気持ちを大きくさせる。もっと外の世界の情報がほしい、という欲求が強くなるせいでもあるだろう。

言葉では、より高度な話しかたをするようになり、ことさら自分の個性を意識するような表現もできるようになる。話し言葉がかなりうまくなり、それに合わせて書く文章のほうも複雑なニュアンスを伝えられるようになる。何がいいたいのかが明確になってくるので、内容がまとまりを見せるようになる。また、ものを抽象する力もうんと発達する。

数では、計算能力がグングン伸びる。複雑な四則計算を力づくで解けるようになるので、集中することが苦にならなくなる。また、数を概念でとらえる力が深まるので、整数と小数、分数のつながりが理解できる。そのため、自分から集中できる時間が長くなり、やりとげることに達成感をおぼえる。範囲外にも挑戦させて、がんばることの意義をつかませたい。

自分の外の世界への興味を強めるのもこのころで、自然現象や生き物たちへの知識をたくわえはじめる。コレクションにも夢中になり、部屋に○○グッズを並べたてるようになる。アイドルへの関心を持つ子供たちもいるが、お母さんがたの干渉は最小限にしたい。

いわゆるギャング・エイジと呼ばれる時期だが、気が合うグループを結成する一方で、いじめなども見られるようになる。自分の判断や意見を通そうとする気持ちが強くなるので、先生への批判の目がきびしくなるし、優れているとか劣っているという視点が大きくなる。

親が適当にあしらおうとしてもダメなので、きちんと正面から対応してやりたい。一人前として認められると、気持ちの持ちかたが安定するからだ。

五年生――競争心を持ってがんばる力がついてくる

さらに勉強での差が大きくなり、「できる・できない」で分けられるようになる。だが、競

学校の授業を重視させて塾とのバランスをとらせる

争心はすごいので、目標に向けてがんばる気持ちは強い。成績のいい仲間を尊敬するようになり、勉強のやりかたをマネて追いつきたいと努力もするが、早々と力が抜けてしまうタイプも見られる。競争心がどう出るかのちがいなので、がんばりをやめた子供たちには、どの教科のどこがネックになっているのかを突きとめてやりたい。

　また、成績を伸ばしている子供たちのほとんどは塾に通っているだろうが、学校の授業とのバランスが危うくならないように見守ってほしい。中学受験を考えるにしてもまだ先が長いので、ゆったりしたペースを心がけたい。心身ともに健康であることが一番なのだから。

　言葉では、文法的に正しい話しかたができるようになる。教科書にも論理的な文章が増えるので、大人的なしゃべりが身についてくるのだ。また、接続詞を生かして入り組んだニュアンスを伝えられるようになる。文語調の接続詞を使わせると、さらに国語力がアップする。数では、整数・分数・小数という三系統のつながりをよく理解できるようになるので、分数を小数に直したり、その逆をやったりという作業がスムースになる。

これまでは機械的な記憶力が伸びていたが、この時期ではものの意味をわかったうえで、論理的に整理しながら覚えることができるようになる。図形のいろいろな性質に興味を深めるのもそのあらわれなので、順調に伸ばしてやりたい。

だんだん男女差が見られはじめ、興味の持ちかたがちがってくる。同じマンガを読むのでも好みがはっきり分かれる。また、情緒の面では感情を外に出さないようになる。いわゆる子供らしい泣いたりわめいたりが消えるのだ。

公正なものを求める気持ちがさらに強くなるので、先生や両親にも批判の目を向ける。とくにお母さんへの要求はきびしいが、お父さんにもそうだ。父性的なものを期待しているのに、それが裏切られるようだと許さない。

六年生——ムリな要求には反発するようになる

五年生からの傾向がずっと持続され、さらに強められていく。最年長という自覚もあるので、相手を思いやる感情が深まってきて、自分の内面を見つめるようにもなる。

勉強での差はますます大きくなるが、がんばる気持ちは持っている。その反面、能力を自分で判定する傾向も見られるので、だんだん目標を下げるタイプも出てくる。ムリな要求をされると反発したくなったり、内部に引きこもってつらくなる時期でもある。

当人が伸びるのと同じように、ほかの子供たちも伸びる。自分はやっているのに！　というアセリが強くなると、そうした関係をうまく受け入れられないこともある。競争心の持ちかたを調整することで乗りきれるはずなので、ひとりで解決するのを見守ってやるといい。

言葉のほうは、ボキャブラリーがすごく増える。内面を見つめるようになるので、自分の感情のありかたを適切に表現することもできるようになる。とくに女の子は文芸作品に向かいはじめるので、ものを形容する能力を伸ばす。内面描写にすぐれた少女マンガもあるので、低級なものという思いこみを持たないようにしたい。

数では、さらに計算能力が伸びる。かつては仮分数や帯分数の計算、小数や分数の混じった計算もやった。図形では、柱体や錐体の表面積・体積、拡大と縮小などもやった。数量関係では、比の値、反比例、比例式などもやった。だとすると、六年生はそれらを理解する潜在能力を持っているはずだ。そこを考えると、子供たちには弱音を吐いてもらいたくない。

やればできる内容が減らされたのだから、少なくとも範囲内の目標を達成するまでがんばるように支えてやればいい。もっと努力しようとする気持ちに疑いはないので、子供たちを信用して、任せる部分を広げて、自発的なものが大きくなるように働きかけてやる。

学校によっては習熟度別のコースがつくられるが、「できる・できない」にとらわれると損をする。このコースでは弱点をなくしてやるぞ、このコースでは得意をもっと伸ばすぞ、という位置づけをさせると、パッと先行きが明るくなるので、アセることはなくなる。

中学受験をめざす場合は、いわゆる範囲を超える内容までこなすこと。進学塾に任せるしかない面が出てくるが、どこをどう勉強しているのかは知っておきたい。

念を押しておくと、子供たちは一気にできるようになるわけではない。目先の課題を一歩ずつ解決しながら、一方で「つまずき」を消していく。こうした作業のなかで育てた自信をバネにして、ものごとに積極的になり、勉強グセを身につけ、大きく夢をふくらますのだ。

その例を紹介しよう。大阪府出身のO・Y君は、公立小学校から最難関の私立灘中学に合格し、灘高校から現役で東大文IIに進んでいる。彼の回想によると、

「小学校のころはガリ勉じゃなかったので、みんなと外で遊んでばかりいた。三年生になって入院したときは悪ガキ仲間がどっと見舞いにきてくれてうれしかった。のみこみは早かったと思うが、特別に成績がよかったことはなかった」

彼の小学校では2段階評価だったらしいが、三年生まではふつうの成績だったようだ。きかん坊で有名だった彼が変わったのは四年生からで、そのきっかけは先生だった。

「四年生からの三年間は若い男の先生が担任だったが、とても気が合った。何ごとにも全力投球してくれたので、子供の目から見ても先生に恵まれたと思った。授業そっちのけで実験に夢中にさせたり、スポーツをやらせてくれたりしたので、学校へ行くのが楽しかった」

小学校から野球をやっていたので体力には自信があったし、のみこみが早かったので授業にもついていけた。そんな積極的なタイプは「やる気」をみなぎらせているので、学力を伸ばさないはずがない。しかも、先生が目をかけてくれたのだからなおさらだ。

「五年生で学級委員に選ばれた。成績がよくなったことが大きいと思うが、学年の割にしっかりしていたのも関係するかもしれない。六年生になると、将来についてよく相談した。先生に〝東大に行って政治家にでもなれ！〟といわれたので、その気になって勉強した」

彼のすごいのは、ここからだ。四年生から進学塾に通いはじめた。五年生までは週二回、六年生からは週に四回というペースだったが、優等生ばかりなので予備校に近い雰囲気だったらしい。彼はそこでトップランクにかけ上がったので、ついに灘中学が見えてきたのだ。

ここが急所なのだが、彼の積極性を生んだのは「学校が楽しい！」という、きわめて単純でわかりやすい感情だったことだ。

「時間の使いかた」と「勉強のくふう」が学力を押し上げる

家庭での子供のしごとは「勉強だ」ときちんと自覚させよう

個性の差があるので勉強のやりかたは任せてもいい、という意見がある。だが、それは基礎学力を身につける小学生には通用しない。ある種のしばりをしてやると、そこに個性が現われてくると考えてほしい。好き勝手にやらせると個性が伸びる、というのは迷信なのだ。

低学年のころから、子供たちは学校生活というしばりをされているとわかるので、家庭にもある種のしばりがあると理解できている。ただ、低学年のうちはそれが何かをつかめないでいることがある。そのしばりとは、いくらかの強制力をもって、役割をはたすことをうながすものだ。子供たちの役割はいくつかあるが、その代表が「勉強」ということになる。

先のほうで、私たちはその役割にしごとという名をつけてきた。それに気づかせるのはお母さんの役目なので、頭ごなしに「勉強しなさい！」といわずに、家庭には役割があること、その役割は「やると楽しい！」というものでもあること、この二つに注意したい。

料理をつくるのがお母さんの役割だとすると、「時間がかかってたいへんだったけど、おいしくできたわよ！」と語りかけてやれば、義務感によるしばりのほかに、つくる楽しさと完成したときのうれしさがあることがきっと理解できるはずだ。

いきいきと役割をはたすお母さんを見ると、子供たちは元気になれる。そのプラス方向の気持ちから、家族を元気づける自分の役割とは何だろうと考えるようになればしめたものだ。もともと勉強はやらなければならないものと受けとめているが、そこから一歩踏みこんで、自分から役割をはたそうとする意欲が生まれるまで、待ってやることが大事なのだ。

だが、いつも勉強が楽しいとはかぎらない。短い時間で終わらせて遊びたいのだから、あれこれ考える。どう時間をやりくりするか、どんなやりかたがいいか――こうしたレベルに到達して初めて「自分のことは自分でやる！」という基本的な心がまえができたことになる。

といっても、時間のやりくりは簡単ではない。子供たちが帰ってきたら、家事などをこなしながら、その日の学校でのできごとを話し合うといい。とくに低学年のころは、授業はこうだったとか、宿題が出されたとかを話すようにうながすと、やらなければならない課題が整理されてくる。子供たちのほうから「これをやる！」といわせるのがコツだろう。

仲良しと遊ぶ約束があるときは、それを優先させてやる。「何時に帰るからね！」と自分からいうはずなので、それに任せてみる。遊びすぎて時間がなくなっても、本人が失敗を認めているようなら、「約束はどうしたの！」などと追いつめなくてもいい。

子供たちの失敗を責めないで、お母さんが掃除や洗濯などの時間をやりくりするお手本を見せてやると効果が大きい。どうやると能率がいいかを示してやると、やりくりにはくふうが欠かせないことを理解するようになる。

勉強時間を優先した生活のリズムを！

まず先に「生活のリズム」を正しくさせておいてから、そこに勉強の時間を割りこませるのがふつうだが、それを逆転させて、勉強の時間を先に決めてから、残りの時間を配分するようにくふうさせると、おもしろい効果がある。結果は同じでも、子供たちにはとても新鮮に感じられるし、勉強を優先するやりかたが、しごと意識をグンと強めてくれるからだ。

勉強でつまずいた子供たちは、生活のリズムがおかしくなっている。朝ごはん抜きが増えているらしいが、それは勉強時間を決めていないせいだと思われる。気が向いたときにやる、宿題を忘れていたので夜になってからやる、という出たとこ勝負を繰り返していると、生活リズムが乱れるのは当たり前だろう。

また、勉強しながらお菓子などを食べるのもよくない。家庭教師をした経験によると、お菓子や果物をどっさり用意するお母さんがたが多いのにびっくりする。少し空腹のほうが能率が上がるのだから、食べることと勉強とはきちんと分けたほうがいいのだ。

遊びにも勉強にも集中させてメリハリをもたせる！

楽しくやらせようという気持ちはわかるが、食べ物は決して勉強を楽しくさせない。それは絶対といっていい。毎日かならず勉強するようになって、「できる」と「わかる」を体験することで初めて楽しくなる。おせっかいは子供たちの義務感をつのらせるだけなのだ。

子供たちが勉強時間を決めたときは、遊びと勉強とにメリハリがついているかどうかをチェックしてやりたい。遊びの時間は短く、勉強の時間は長く、は理想にすぎない。すぐに守れなくなるので、「もっと遊んだほうがいいんじゃない？」といってやるのも効き目がある。初めは一モジュール（十五分）を目安にして、その単位を重ねていくやりかたでいい。

すると、「帰ったら算数からやるね！」とか「すぐ宿題をやるよ！」などと自分からいいだ

すものだ。お母さんが信頼してくれるのがうれしいし、罪悪感なども消してもらえる。自分からいわないときは、「何からだった？」という聞きかたがいい。やらされるという意識を軽くしてもらうと、遊びにも勉強にも集中できるようになるはずだ。

やる教科に迷わない、というのは大きい。机に向かってグズグズしているときに、「早くしなさい！」とせかされると反発したくなるからだ。いまやろうと思っていたのに、というイライラ感から時間をムダにしてしまうので疲労感が大きくなるし、集中力も落ちる。

まずは、お母さんのそばで十五分間集中からスタート！

低学年のうちは、勉強の場所はどこでもいい。台所の机でもいいし、居間でもいい。ひとりで机に向かう気になれないときや、勉強しているところを見ていてほしいときがあるので、お母さんのそばがいいのだ。テレビをつけたままというのは困るが、そっと見守っていて、区切りのいいところで声をかけてやったりすると、ますます勉強がはかどる。

ただし、三年生ころからは自分の机に向かわせたい。そこがしごと場だと決めることでケジメとリズムが生まれる。また、机はテレビから離れていたほうがいい。ニュースや教養番組であっても、しごとの最中にテレビの音が聞こえるとガクンと集中力が落ちるからだ。

勉強の時間は例の一モジュール（十五分）を単位にして、学年が進むごとに三十分、四十五分と増やしていく。大脳生理学では、低学年から中学年にかけての集中の限度は十五分から二十分とされているので、それをメドにする。また、低学年のうちは復習だけでいいのだし、それも十五分くらいで終わらせるのがのぞましいからだ。

その時間内に片づかないようであれば、勉強のだんどりや手ぎわが悪いのではないかと疑ってみてもいい。あるいは授業がわからなくなっていて、何から手をつけていいのか決められないということもある。低学年のころから三十分近くも机に向かっているのを、「うちの子はよく勉強するね！」などと受けとってはいけないのだ。

中学年以上になって二教科やるつもりのときは、休みは十分を超えないこと。せっかく「勉強あたま」ができたのに、十分以上も休むと、もとに戻ってしまうからだ。五分間も休めばたりるので、すぐに机に向かわせよう。四年生くらいだと、長くて二モジュール（三十分）を目安にして、五分間の休みをはさみ、合計でも一時間半を超えないほうがいい。

中学受験を考えるともっとやらせたいところだが、五年生や六年生でも合計で二時間をメドとして、その時間内にいかに「勉強あたま」を活動させるかをくふうさせたい。

「つまずき」が出てきたときは「あともどり練習」を！

三年生くらいになって「つまずき」が出てきたときは、その日の勉強の初めに算数と国語を中心にした「あともどり練習」をかならずさせよう。とくに算数での効果が大きいので、前学年の計算ドリルを、目ざまし時計をセットしておいて、がむしゃらにやらせるといい。終えた時間を記録しておくと、計算力の伸びぐあいがわかる。

これだけで「勉強あたま」ができてしまうので、五分間の休みをはさみ、いまの授業の復習などにとりかからせる。国語の熟語なども同じで、漢字ドリルなどで制限時間内にどれだけ書けるかの「あともどり練習」をやったあと、いまの復習を毎日やらせたい。長時間かけて一気にやるのは高学年で効果があるが、中低学年のころは少量ずつコツコツがいい。

好きな教科からはじめて「勉強あたま」が冷めないうちに弱点チェック

好きな教科からはじめてもかまわない。理科や社会、図工でもいいが、集中できると「勉強あたま」ができあがるので、それから苦手の教科にとり組ませる。すると重圧感がうすくなるので、それだけでかなり「わかる」ようになってしまうものだ。

また、子供たちがやり終えたばかりでまだ「勉強あたま」が冷めないうちに、どうしてその教科が嫌いなのかを聞いてみるのもいい。しごとをこなした達成感と安心感にひたっているところなので、勇気をふるって苦手や弱点にメスを入れることができるはずだ。そのように誘導されると、本人も気づいていなかった原因がわかってくるだろう。

たとえば、理科では人体の模型図がきらい、社会科は畜産業をあつかうのでいや、算数はグラフがなじめない、国語は作文がいや、などという理由が並べられる。だが、それらは原因ではない。そうした理由にかこつけて、本人が「わかる・できる」ための努力をやめたことが本当の原因であることを気づかせてやりたい。

どこかで手間どっているようなら、子供たちを先生役にさせてみるといい。「そこをお母さんに教えてくれないかな？」と聞いてみるのだ。これはとくに算数で有効になるが、ステップを踏まなければ教えられないので、その理解のしかたがはっきりわかる。

問題を解いていくプロセスを書かせ、どうしてそう処理するのかをいわせる。説明に少しでもあいまいなところがあればストップさせ、「もっとわかるように教えて」とうながす。理解のたりないところに気づくと、子供たちはもう一度じっくり考えるようになる。お母さんは待つだけでいいが、必要があればヒントを与えてやる。すると、パッとひらめく。

この作業によって、かくれていた不得意が見えるようになる。教えてやろう！　と力まなくてもいいので子供たちは傷つかないし、自分で「わかる」ができたことがうれしい。

ところが、たかが算数といっても数の原理などはむずかしい。そこを聞かれたときは、「お母さんはお手あげよ！」と正直にいうべきだ。知ったかぶりのごまかしをすると、子供たちは不信感をいだきかねない。「それは先生に聞こうね」で終わらせればいい。そのほうが先生への信頼度が高くなるので、いちだんと授業に集中できるようになるだろう。

子供たちが先生に聞いてきたところは、いっしょに復習したい。中学年以上の問題になるとお母さんがたは数学での方程式の計算に持ちこみたくなるが、子供たちがまだ学習していない手法で解いてみせると、かえって混乱する。算数のやりかたを守るべきだろう。

学校で終わらせてきた問題を選ばせ、子供たちと同じ条件で、今度はお母さんが解く。採点するのは子供たちだ。途中の計算をすべてチェックさせ、解く作業をなぞらせる。答えが正しいかどうかは、それほど重要ではない。途中の作業がなぜそうなるかを、子供たちに主導権を与えて、わからせるのが本当のねらいなのだ。

このようなテストの日を楽しむうちに、子供たちの学力は実りはじめる。計算の式をきれいに書く、熟語は短文のなかで覚える、グラフや地図がきれいに描ける、というくふうを加えると、もっとしっかり実るだろう。急ごしらえではなく、毎日の勉強グセのなかで自分からくふうし、みがきあげることで学力は確実なものになる。つまり、子供たちのくふうの度合いを「学力」と呼ぶのだし、その度合いが高いほどテストに強くなるのだ。

子供の「できた!」を誘う七つの心理テクニック

●性急に口をはさむのはよくないが、ちょっとしたヒントやテクニックを教えてやるのはかまわない。ただし、学習効果をねらったものでないといけない。何かを「わかる」という作業は気持ちのありかたに大きく左右されるので、その心理を利用するといいのだ。

●子供たちとは一対一の関係になるが、お母さんがたは学校の先生になってはいけない。教えることに熱中しすぎて特別な存在になってはまずいのだ。子供たちの勉強に手を貸すのは、たくさんある母親の役割のひとつにすぎない、という自制心を持ってほしい。

●質問されたときは、「一度しか教えないよ！」と念を押すこと。本当は何度でも教えていいのだが、そのように念を押されることによって、子供たちの集中力が高まることがねらいなのだ。別のことを質問されたときは、また念を押して、少し間をおいてから教えるといい。

●また、大事なところをしぼって教えるのも有効だ。あれもこれもと手を広げないで、一点だけにしぼる。そのためには学習の内容を知っていなければならないので、結構むずかしい。どこまで「わかる」のかを聞き出して、いっしょに考え、「これだ！」という急所を教える。

●記憶には系列効果というものがあり、いちばん最後に教えられたことが記憶に残りやすいのだという。たとえばドラマを観ても、途中のいろいろな場面は忘れてしまったのにラストシーンだけは覚えているという記憶の性質をいうのだ。

ある小さな塾では、最後にテストで百点満点をとらせてから、子供たちを帰宅させるのだという。その一日が「できた！」で終わるとうれしいものだ。翌日の学校が楽しくなるので、授業もよくわかるようになる。家庭でも、そのやりかたをマネてみるといいだろう。

●さらに、途中までしか教えないで、そこから最後まで自力で完成させるのも有効なやりかただ。教えかけたとたんに、「わかった！」といってドンドン先に進む子供たちがいるが、やり終えたときには「自分もできるんだ！」という大きな自信を持つだろう。

子供たちの表情をうかがいながら、疑問点をほぐしていく。「待って！」の声がかかればもう心配はいらない。そんなときの子供たちは、火のつきは悪くても、点火してしまえば一気にふきあがる花火みたいだ。どこまで飛んでいくかは、日ごろからどれくらいの量の火薬をためこんできたかによる。その量とは、つまりくふうのことだ。「やるのは自分だ！」という状況をこしらえてもらうと積極性がうずきはじめるので、走りだすのを待ってやればいい。

●ところが、せっかく勉強して覚えても、朝になったら忘れてしまうということもある。なかには「あたまが悪いからなんだ！」と落ちこむタイプがいるかもしれない。だが、記憶とはそうした性質のものなので、忘れることをおそれたり、悔やんだりしてもはじまらない。

とりあえず「お母さんもすぐ忘れるのよ！」と勇気づけてから、また覚えさせればいい。それでも忘れたら、また覚えさせる。その繰り返しで、ようやく記憶は定着するのだ。

だが、ヒトの脳には「つぎの朝に十分間ほど復習すると、前日の記憶がたしかになる」という性質もあるので、朝ごはんの前に机に向かうクセをつけるだけで解決できる。

第2章

国語は知識をもとに文章を読みとる力を育ててやろう

低学年から言葉への「ふつう感覚」を高めさせよう

「国語はいずれ身につく」という発想をやめよう！

国語科はことばをあつかう教科なので、「話すこと・聞くこと」「書くこと」「読むこと」の三領域と、言葉のきまりや語句などの「言語事項」とでワク組みされている。このカリキュラムのもとに、子供たちの発達段階や学習能力に応じて、三領域と一事項の内容を反復していく。少しずつ質と量を積み重ねて、上の学年に段階的につなげていくやりかたなのだ。

子供たちは発達するにつれてことばの数をふやし、いろいろな能力を伸ばしていく。国語科は繰り返しの学習が基本になるので、系統的なものを踏まえながら、その学習目標を一年生と二年生、三年生と四年生、五年生と六年生、という2学年ずつのまとまりでつかむ。

たとえば、学年ごとに配当される漢字は「読み」と「書き」に差がつけられている。読みはその学年内にできなければならないが、書きはその学年でだんだん書くようにし、上の学年までに文や文章のなかで適切に使えるようにする。つまり、書くほうは五年生までに配当される八二五字を確実に身につけたところで、すべての課程を終えることになる。

注目してほしいのは、「話すこと・聞くこと」が三領域のトップにくるところだ。お互いの考えや立場などを尊重して、うまくコミュニケーションできる能力を高めることが重視されるのは、近年の子供たちの傾向として、「相手の話をきちんと聞くとともに、自分のいいたいことを正確に伝える力が弱くなってきているのではないか」と心配されているためなのだ。

先生の話が聞けないと授業に身が入らないし、生活の幅もせまくなる。とくに一年生と二年生には、ことがらの順序を考えながら話す、大事なことを落とさないように聞く、という二つの能力を育てることが大事だろう。それができないでいると、みんなと話し合おうとする態度がうまく育ってこないので、いろいろな問題行動が見られるようになるからだ。

自分のいいたいことが話せても、それだけでは十分ではない。話すこと・聞くことをセットで達成させるためには、具体的な相手に応じて、話したり聞いたりするトレーニングが欠かせない。子供たちに興味や関心をもたせながら、根気よく練習させるしかないのだ。

これらの能力は、いつの間にか身につくというものではない。ふだん使うことばだからよけいに、その土台は学習によって固めなければならない——ここがポイントだろう。

ふつう感覚を「総合パワー」としての国語力に育ててやろう！

この「話すこと・聞くこと」の目標は、三年生と四年生では、「筋道を立てて話す、話の中心に気をつけて聞く、進んで話し合おうとする」へと発展する。五年生と六年生では、「的確に話す、相手の意図をつかみながら聞く、計画的に話し合おうとする」などがねらいになる。

　こうした能力を上の学年につなげていくためには、話す・聞くの力をみがきながら、さらに「書くこと」「読むこと」などの学習を重ねることで、ことばへの「ふつう感覚」を高めていくことが大切になる。ここでふつうといったのは、母国語を身につけることは特別なことではない、ごく当たり前に伸ばしてほしい、というニュアンスを感じとってほしいからだ。

　ところが、このふつうは、あなどれない。すべての教科の学力を底で支えてくれるのが、このふつうのパワーだからだ。ことばの能力という土台がしっかりしてくると、他の教科の「わかる・できる」も押し上げられる。このふつうがさらに能力を高めていくと、あらゆる教科から栄養分を吸収して、ついには「国語力」と呼べる総合的なパワーにまで育つだろう。

　この国語力が伸びるかどうかは親しだい、といっても大げさではない。とくに低学年のうちはそうなので、ふだん使うことばだからとタカをくくらず、一日ごとに「ふつう感覚」を高めるよう、お母さんが相手をしてやるといい。子供たちとの距離感をしっかりさせながら、「そのいいかたはおもしろいね！」などと応答するだけで順調に伸びるものだ。

　まちがいを直すのは急がなくてもいいが、授業の復習グセをつけさせて、覚えたものをどんどん使わせることは大切だ。子供たちには、ことばの領域が広がるごとに「伸びている！」と総合パワーの「国語力」が他の教科を押し上げる！

感じる性向があるので、新しいことばや表現への関心がますます強くなるだろう。

つぎの課題は、「言語事項」を学んでいくとさらにことばの領域が広がることに気づかせることだ。ことばを使うときのルールを整理することで国語力はいよいよ本物になるだろう。

子供たちはまっさらの状態で学ぼうとしているのだから、文法はとっつきにくい！　というお母さんがたの思いこみは消してほしい。「覚える」と「使う」を連動させているうちに、かならずことばの能力は高くなる。クイズなどを楽しむ感覚でやらせるのがコツだろう。

胎児のころにお母さんのお腹のなかで聴いていた音楽のメロディが数年してから鮮やかによみがえる、という話を聞くことがある。それが真実だとしても、音階や楽器の仕組みなどを知り、その操作を身体で覚えこんでいないと、メロディを弾くことはできない。

それと同じで、文字などを耳・目・口・手でたどりながら、理にかなった「つめこみ」をやらせて、その仕組みを身体で覚えさせないと、使えるようにならない。視覚や聴覚などから得たものを定着させるのは、そのことば固有のルールにもとづいた反復トレーニングなのだ。

その中心になるのは教科書であり、各種のドリルがそれを補助する。学年によってことばの能力や集中できる時間などがちがうので、早いうちからムリはさせられない。教科書をきちんとやり終えることを目標にして、ドリルで内容を整理させるといいだろう。

授業は2学年まとめた目標のもとに進行するが、私たちは勉強のやりかたにこだわりたいので、2学年でいいものはそうするが、基本的には1学年ごとの区切りで考えていく。また、すでに「話すこと・聞くこと」の領域は終えたので、必要なときにふれる程度にする。

一年生——音読を優先させて「主語と述語の関係」をつかませよう

一年生に配当される漢字は八〇字だ。教科書の文章に少しずつ出てくるので、文章と一体にして覚えるやりかたが有効だ。ただし、八〇字がひと目でわかる漢字配当表も用意したい。そのほか、①正しい発音と発声、②ひらがなとカタカナの読みと書き、③表記について、④主語と述語、⑤言葉づかい、⑥書写について、などの「言語事項」を二年生までに学習する。

教科書の文章をゆっくり音読することからはじめて、漢字の意味をザッとつかませる。具体物をあらわす漢字には写真などを見せてやるのもいいだろう。すると文章の意味がわかるようになり、漢字の使われかたにもなじんでくるので、「読む→わかる」ができてくる。

これを何度も反復させると、だんだん読みかたにリズムが出てくる。句点や読点などの区切りを整えさせながら、一気に読みきらせる。すると、その表現でなければならない理由のようなもの、つまり別の表現をすると意味がちがってくることに気づく。そうした呼吸が飲みこめると、文章があたまに入りこんでくる。暗唱《あんしょう》できたところで、ひと息つかせてやろう。

文章のなかでなじんだ漢字を定着させるのが、書いて手に覚えさせる作業だ。黙ってやると効果が半減するので、目・耳・口をフルに活動させながら書かせる。ていねいにやらないとまちがって覚えてしまうので、最初のころは急がなくてもいい。ただし、はやく正確に書きたいという気持ちは持たせたい。目標をはっきりさせるのも有効なやりかたなのだ。

つぎの段階では、漢字配当表を活用するといい。大きな紙に書いて壁にはっておくと、いつでも勉強がはじめられる。ある字を指さして、「耳をすますと雨の音がきこえる」などの短文をつくってみせて、「いまの字はこれとこれだね！」といってやるのもおもしろい。

ただし、やりすぎないこと。楽しくないとムリが生じるので、子供たちが話しかけてきたなかから「いまの字はこれだったよね？」と、お母さんが答えるなどのくふうをしてほしい。

これもやりすぎには注意したいが、配当表の文字だけで熟語（合成語）をつくらせるのもおもしろい。空気、正月、男女、赤い花、青い貝などだ。また、「ぼくの手が雨にぬれた」のように、主語の「……が」と述語の「……した」が照応した短文をつくらせてみるのも有効だ。

うまく短文がつくれなくても心配はいらない。時期がくるまで待ってやればいいのだが、だれ（なに）が？　なにを？　どこへ？　どうしたのか？　などを会話のなかで使わせることには厳格なほうがいい。主語などをはぶいたしゃべりことばのすべてが悪いわけではないが、ていねいな表現（敬体）ではないことには、早くから気づかせておきたい。

その他の「言語事項」では、カタカナの読みと書き、表記について、言葉づかい、書写について、などを一年生と二年生で身につける。以下で、そのポイントを押さえておこう。

まずカタカナは、「キャッとさけぶ」などの擬声語や「ギョッとする」などの擬態語、外国の地名や人名、外来語などを書くときに使われることに気づかせれば十分だろう。

表記では、長《ちょう》音、拗《よう》音、促《そく》音、撥《はつ》音などを正しく書けるようにする。長音は「おかあさん・ゲーム」のようにのばす音、拗音は「うんてんしゅ・キャンデー」のようにねじれる音、促音は「たった・バット」のようにつまる音、撥音は「りんご・トランプ」のようにはねる音をいう。聞くことや発音することができても、正しく書けるとはかぎらないので注意したい。

また、助詞の「は」「へ」「を」を文のなかで正しく使うことも大事だ。「は」は、「きょうは

●一年生の配当漢字（八十字）

一右雨円王音
下火花貝学気
九休玉金空月
犬見五口校左
三山子四糸字
耳七車手十出
女小上森人水
正生青夕石赤
千川先早草足
村大男竹中虫
町天田土二日
入年白八百文
木本名目立力
林六

●主語と述語の関係

・「赤い夕日が　見えた」
・「大きな音が　きこえた」
・「犬は　口を　うごかした」
・「ぼくは　虫に　さされた」
・「町は　山のふもとにある」

●片仮名の書きかた

・「かぎをガチャッとあける」
・「女の人はキャッといった」
・「むねがドキドキした」
・「サッカーボールをけった」
・「ニューヨークへいきたい」

●特殊な発音の表記のしかた

・長音→「おばあさん」
・拗音→「しゅみ・ちょきん」
・促音→「かっぱ・キッチン」
・撥音→「とんぼ・キング」

●助詞の「は」「へ」「を」

・「夕食はカレーだった」
・「あしたは金よう日だ」
・「いそいで学校へいこう」
・「おかあさんへのおねがい」
・「小とりが庭へきている」
・「空気を大きくすう」
・「小さい子どもをなかせる」
・「ジュースをのみたい」

●ていねいな表現（敬体）

・「花火はとてもきれいです」
・「天気はよくなるでしょう」
・「空は青いですか」
・「とても白い月でした」
・「森には川が流れています」
・「車が見えますか」
・「それは虫ではありません」

雨だ」「ぼくは｜男だ」のように、とくに一つのものを示す働きをする。

また「へ」は、「西へ｜すすむ」「父へ｜のプレゼント」のように動作の向けられる方向や対象を示す、「森へ｜たどりつく」のように動作の帰着点を示す、「魚が川へ｜きている」のように動作などが行なわれる場所を示す、などの働きをする。

そして「を」は、「空を｜見る」のように動作などの対象を示す、「花を｜さかせる」のように他のものに何かをさせる（使役）主体を示す、「空を｜とぶ」のように場所を示す、などの働きをする。以上のようなむずかしい説明がわかるはずがないので、まず会話のなかで正しく使えるようにすることが先決だろう。感覚が身体にしみこむと、もうだいじょうぶだ。

なぜ「は・へ・を」からはじめるかというと、ある動作を示すときの文の骨組みを覚えさせると、自分と相手、あるいは対象物との関係がつかめるからだ。しかも、そのようなしゃべりかたや書きかたでないと相手に伝わらないことに気づかせるためなのだ。

言葉づかいでは、「ていねいな表現」が大事だ。語尾を「です・ます」にすることや、あたまに「お・ご」をつけるなどはかなり身につけているはずなので、教科書の敬体《けいたい》（です・ます調）で書かれた文章をもとにして、日常生活のなかでみがきをかけさせればいい。

句点や読点、かぎ（「　」）を正しく使えるようにするには、教科書の文章をノートに書き写させるといい。また、書写は正しい姿勢や正しい用具の持ちかたに注意してやりたい。漢字の筆順は、たとえば「必」には四通りの書きかたがあるなど、正しい書きかたがひとつとはかぎらないので、先生の指導するものを覚えさせるといいだろう。

二年生――文の修飾と被修飾・つなぎことばに気づかせよう

二年生も同じやりかたでスタートさせる。音読では、語や文のまとまりや内容、ひびきなどを考えながら読むようにさせたい。配当漢字は一六〇字になるので、教科書の文章が暗唱できたら、かなと漢字が混じった文章全体を書けるようにする。そのうえで、ドリルなどで漢字を定着させたい。「書き」は次学年までに書ければいい、と先送りしないほうがいい。

目標は一年生と同じだが、だんだん複雑な構造の文章をあつかうようになる。「読むこと」では、やさしい読み物を読む、時間やことがらの順序をつかむ、場面のようすをつかむ、などのレベルアップをはかりたい。「書くこと」では、「何のために」という目的意識をはっきりさせたうえで、誰に書くかを決め、いろいろな情報をあつめ、うまく段落を組み立て、書いたあとで読み返すクセをつける、などに注意させたい。

主語と述語のつながりでは、主語が「……が」の形になるもののほかに「……は」「……も」などが出てくるので、それらは「……が」に置きかえられることに気づかせたい。

言葉づかいでの「ていねいな表現」では、けんそん（謙遜）表現が大事だ。たとえば、「ネコにごはんをあげる」はまちがいで、「やる」が正しい。「あげる」は「やる」のけんそん語だが、目上の人に対して自分の動作をへりくだる（卑下《ひげ》する）のがけんそん表現なので、ネコに用いるのはおかしいからだ。ただし、近年は使い分けがあいまいにされる傾向がある。本来の使いかたにこだわるとともに、時流にも注意する必要があるだろう。

それ以外では、①反対や対照的な意味をあらわす語句に気づく、②文のなかの修飾と被修飾の関係に注意する、③文のなかの指示語や接続語に気づく、などがある。

①では、身近なものについての反対語を答えるゲームにするのもおもしろい。「冷たい・冷たくない」のように「……ない」という打ち消し表現しかできない場合もあるだろうが、それはそれで表現の幅を広げる効果があるので、大目に見てやってもいい。

②については、飾り言葉と受ける言葉の関係に気づかせる。「きれいな鳥がとんでいく」のように〝どんなか〟を説明して、名詞の〝鳥〟が受けるもの（形容詞）。「湯気がゆらゆらとのぼる」のように〝どんなふうに〟を説明して、動詞の〝のぼる〟が受けるもの（形容動詞）。この二種類があることをわからせる。ただし、まだ区別はできなくてもいい。

③は、指示語の「こそあど」言葉がわかるようにする。三年生から本格的に学習する分野だが、早いうちから生活のなかでつかませておきたい。話す人と聞く人との距離によって使い分けるので、近い距離のものには「これ」、中距離には「それ」、遠い距離には「あれ」、特別に

●二年生の配当漢字（百六十字）

引羽雲園遠何科夏家歌
画回会海絵外角楽活間
丸岩顔汽記帰弓牛魚京
強教近兄形計元言原戸
古午後語工公広交光考
行高黄合谷国黒今才細
作算止市矢姉思紙寺自
時室社弱首秋週春書少
場色食心新親図数西声
星晴切雪船線前組走多
太体台地池知茶昼長鳥
朝直通弟店点電刀冬当
東答頭同道読内南肉馬
売買麦半番父風分聞米
歩母方北毎妹万明鳴毛
門夜野友用曜来里理話

●主語と述語のつながり

・「ゾウさんは　はながとても長い」（主語になる）
・「夕ごはんは　もうすんだ」（主語になる）
・「背も　すごく高い」（主語になる）
・「子どもでも　できる」（主語になる）

●ていねいな表現

・「校長先生がいらっしゃった（おいでになった）」
・「おばさんがプレゼントをくださった」
・「ケーキをおいしくいただいた」
・「有名な画家にお目にかかる（お会いする）」

●指示語の「こそあど」

・「これは兄の本です」　・「それは弟の絵です」
・「あれが父です」　・「どれもみな美しい」

●接続語のいろいろ

・「それもまたおもしろい」　・「……しかも遠い」
・「雨または雪になる」　・「だからイヤなんだ」
・「それで、どうするの」　・「しかしふしぎだ」

決まっていないものには「どれ」になる。

接続語も三年生からだが、生活のなかで使っておきたい。二つ以上のものを並べる「また」など、つけたす「それから・しかも」など、二つ以上からひとつを選ぶ「または」など、前のことが後のことにつながる「だから・で・それで」など、前と後でつなぎが逆になる「しかし・でも」などを使いこなせるようだと安心だろう。

教科書の文章を覚えさせたうえで、学年相当のドリルをやらせること。先を急ぐ必要はないので、まず一年生と二年生の2学年での二四〇字の漢字を定着させてしまおう。それが達成されると、いろいろな知識も身についてくるので、楽しくやれるようにくふうさせたい。

三年生――誤字や当て字に注意して表記を正しくさせよう

三年生も、基本のところは同じやりかたでいい。教科書の文章を適切な音量と速さで音読しながら、配当漢字の二〇〇字を使えるようにする。そろそろ黙読できるようになってくるが、あえて音読にこだわらせて、いろいろな文章を味わうことの楽しさをつかませたい。

2学年のまとまり（三年生と四年生）の目標は、一年生と二年生での成果をさらにアップさせることなので、着実に歩むことが大事だ。漢字が一気に増えるので、そこから生まれる熟語の数もどんどん増えていく。主語と述語をはっきりさせた短文をつくって、生活のなかで活用させること。生活体験とつなげて覚えるようにするのがコツだろう。

まず「読むこと」では、いろいろな読み物を読む、段落の関係に気をつける、場面の移り変わりや情景などに注意する、自分と友達との感想や意見を比べてみる、内容の中心や場面のようすがよくわかるように読む、指示語や接続語に注意する、などが目標だ。同じことを反復しながら深めていくので、ことばの領域の広がりが実感できればいい。

また「書くこと」では、相手や目的に応じて適切に書く、情報をあつめて選択する、段落の続きかたに注意する、文章のよいところに気づく、などが目標になる。

漢字では「へん」と「つくり」などをやり、漢和辞典を引く練習をする。左右が結合された漢字では、左の部分が扁（へん）で、右の部分が旁（つくり）だ。上下に結合された漢字では、上の部分を冠（かんむり）または頭（かしら）、下の部分を脚（あし）または沓（くつ）という。そのほか、垂（たれ）、繞（にょう）、構（かまえ）など七種類の構成を少しずつ覚える。

この学年あたりから漢字の誤字や当て字を書く傾向が出てくるので、前学年までの内容をしっかり定着させながら、ひんぱんに辞書を引くクセをつけてやることが大切だ。小学生向きのものでいいので、国語辞典と漢和辞典をセットでそろえてやったほうがいい。

表記では、送りがなを正しく書けるようにする。漢字を覚えるときに、「遊んだ・遊ばない・遊びます・遊ぶ」のように活用させながら、活用語尾を送るという原則をつかませたい。

まとめると、①言葉の終わりの〝変わるところ〟から送る、②ようすをあらわす言葉の〝美しい〟などは〝し〟から送る、③〝清らか〟などのように〝らか〟〝やか〟〝か〟などがつくものはそこから送る、などだ。何度も書いているうちに、パッと見ただけでまちがいに「ヘンだぞ！」と反応できるようになる。それが身体で覚えるということなのだ。

　指示語や接続語の使いかたが本格的になるので、文章の論理的なつながりをつかんで読むこと、その文章の流れにそって書くこと、に気を配らせたい。ここが強くなると文章能力がグンと伸びるので、大人びた表現にまで踏みこんでもかまわないだろう。

　また、言葉づかいではていねいな話しかたができるようにさせたうえで、文末が「です・ます」「でした・ました」になる敬体の文章と、文末が「である」「であった」などの常体《じょうたい》の文章との読みくらべをさせる。そのニュアンスのちがいに気づくと、文章を書くときに敬体と常体を混用しなくなる。それでも区別できないときは、会話レベルで正してやるといい。

　書写では、毛筆がスタートする。点や画での筆づかいや文字の組み立てに興味が持てるようだと、その後の国語力の伸びが大いに期待できる。とめ、はね、はらいなどは毛筆ならではの味なので、筆先の弾力を生かしながら、リズミカルに書く楽しさを経験させたい。

　三年生から各分野でのまちがいが目立ちはじめ、少しずつ成績に差がついてくる。原因はたったひとつ。勉強グセがついていないための練習不足のせいなので、そこを解決すること。

●三年生の配当漢字（二百字）

悪安暗医委意育員院飲運泳駅
央横屋温化荷界開階寒感漢館
岸起期客究急級宮球去橋業曲
局銀区苦具君係軽血決研県庫
湖向幸港号根祭皿仕死使始指
歯詩次事持式実写者主守取酒
受州拾終習集住重宿所暑助昭
消商章勝乗植申身神真深進世
整昔全相送想息速族他打対待
代第題炭短談着注柱丁帳調追
定庭笛鉄転都度投豆島湯登等
動童農波配倍箱畑発反坂板皮
悲美鼻筆氷表秒病品負部服福
物平返勉放味命面問役薬由油
有遊予羊洋葉陽様落流旅両緑
礼列練路和

●漢字の「へん」

・体→にんべん　・妹→おんなへん
・横→きへん　・秒→のぎへん
・焼→ひへん　・飲→しょくへん
・緑→いとへん　・鉄→かねへん
・話→ごんべん　・泳→さんずい
・地→つちへん　・次→にすい
・理→たまへん　・暗→ひへん

●漢字の「つくり」

・利→りっとう　・助→ちから
・顔→おおがい　・部→おおざと

●送りがな

①話す　話したい　聞く　聞きます
②悲しい　新しい　苦しい
③平らか　明らか　温か
④物などにはつけない
空　湖　波音　白馬

四年生では、土台をかためて「得点できる力」を伸ばそう

得点力を高める実戦的なやりかたをはじめさせよう！

ここからは学年ごとに大きな区切りをつけ、しかもテストで高得点するためのコツを中心に考える。授業はずっと「話すこと・聞くこと」「書くこと」「読むこと」の三領域と、「言語事項」とで進行するが、このワク組みではポイントがしぼりにくい。四年生以上では得点へのこだわりが決め手になるので、もっと実戦的な分けかたでないと役に立たないのだ。

また、三年生までは授業の復習だけで十分だったが、四年生からは弱点をなくす、得意なものを伸ばす、という個性に合わせた対応をくふうしたい。学校の授業で知識や技量を上積みしながら、一方ではひとりだけの勉強プランもこなす重層的なやりかたが必要になる。

授業とまったく別の勉強をしろ！　というのではない。教科書の文章を音読して覚えてしまうと力がつくのは学年を問わないので、絶対にやめさせないこと。中学から習う英語のことを考えてみてほしい。目・耳・口・手での作業が英語力を伸ばすことに異論はないだろう。

また、文章のなかで漢字を覚え、それをもとに熟語や語句を増やしていくのもまったく同じ

でいい。そうした正統なやりかたのほかに、学力の凹凸に合わせた勉強プランのもとで、テストで高得点できる力をみがくと、すごく効率がよくなる、といいたいのだ。

三年生ころから視覚による記憶力がめざましく伸びるので、子供たちはパッと見ただけでもう覚えた気になって、「できる！」と安心してしまう。誤字やミス、まちがいなどが増えはじめると、テストで得点できない。この壁を打ち破るには、たったひとつの方法しかない。目のほかに、耳・口・手などを活用して、とくに手をフルに使ってがむしゃらに覚えさせること。

つまり、読む・書くの練習に独自なくふうをこらして、夢中になって「つめこみ」するのが最高のやりかたなのだ。黙読できる能力が伸びてきていても、それに頼らない。目で追い、声を出し、それを耳で聞き、手で書く。やる量を決めて一モジュール（十五分）ほど集中すると、ぐったり疲れる。だが、それだけで目をつむっても書けるようになるはずだ。

以下では、「いろいろな漢字」「言葉の意味」「言葉のきまり」「文章の読みとり」の項目に分け、学年に応じて「いろいろな文章」「詩・短歌・俳句」「文語調の文章」も考える。どこがテストでよく出題されるのかにもこだわり、その理由なども考えていこう。

いろいろな漢字——よく出題されるものにしぼって覚えさせよう

四年生の配当漢字は二〇〇字なので、合計で六四〇字を覚えて使えるようにすることが最低限の課題だ。漢字を使えるようにするには、短文のなかの熟語として覚えさせること。小学校で習う漢字は一〇〇六字だが、それを組み合わせた熟語となると四〇〇〇〜五〇〇〇字にもなる。習ったそばから覚えるほうがラクだが、学期末ごとにまとめてやるのも効果的だ。

そのときは、①筆順・画数《かくすう》・部首《ぶしゅ》、②音読み・訓読み、③読みが同じで意味のちがう漢字、④かなづかい・送りがな、などもできるようにする。漢字を忘れかけても、これらの知識をたぐっていくうちに思い出すことができる。身体で覚えておくと、それが可能になるのだ。

①の「筆順」は、学校で習うものにしぼる。「右・左・有」などの〝横画と左はらい〟はどちらが先か、「必・成」はどういう順序で書くかなどをチェックしてやろう。「画数」は一つの点や線のほかに、折れ・曲げも一画とかぞえさせる。画数があいまいだと正しく書けないのでテストで得点できないし、画数から漢和辞典を引くこともできない。

つぎの「部首」は、私立中学の入試などによく出題される。「へん」と「つくり」などの七種類の部首を覚えるのはかなりの努力がいるので、コツコツが大事になる。せっかく学校で毛筆を習っているのだから、筆ペンで練習させると一挙両得がもくろめる。

②の「音読み」とは、中国の発音をまねた読みかたで、一字の読みがことばとして使われることは少なく、二つ以上の音が組み合わされて熟語として使われる。一方の「訓読み」は、日本のことばに当てはめた読みかたなので、一字の読みがことばとして使われる。送りがなによ

って読みかたが変わるところに注意したい。

③の「読みが同じで意味のちがう漢字」とは、同訓《どうくん》と同音《どうおん》の異義語《いぎご》のこと。私立中学の入試などによく出題されるので、先に入試問題集をこなすのもいい。うまくまとめてあるので短期間でやれるし、その効果も大きい。なんで受験なの！　というのは過敏すぎる。「なぜ出題されるのか？」という点を考えることで、先の見通しを持たせてやるのがねらいなのだ。

④の「かなづかい」では、発音どおりに書かない「……は」「……へ」「……を」や、「大（おお）きい」「遠（とお）い」などの表記のしかたを覚えさせる。また、「鼻血（はなぢ）」や「ちぢむ」「つづく」などの〝ぢ・づ〟と、「ひとりずつ」などの使い分けに注意させたい。

いつまでも身につかないときは、パソコンを使わせてみるのもいい。まちがって入力すると「花地（はなじ）」「知事務（ちじむ）」などに変換されてしまう。最後の「送りがな」は、三年生と同じでいいので省略する。また、ローマ字も省略する。

言葉の意味――文中での意味にこだわらせよう

ここでは、①言葉の意味、②慣用句・ことわざ、③いろいろな熟語、④反対語・意味の似た言葉、などを勉強する。この分野もよく中学入試でねらわれる。なぜかというと、こうした知識もまた国語力を支えているので、手間をかけずに学力を判定できてしまうからだ。

①の「言葉の意味」は、同じ言葉でも使う場合などで意味が変わることをわからせる。家がたつ↓できる、時がたつ↓時間がすぎる、市がたつ↓店がならぶ、東京をたつ↓出発する、腹がたつ↓しゃくにさわる、虹がたつ↓空にかかる、筆がたつ↓能力がある、などだ。

また、「勉強」には、努力する、学ぶ、修業や経験をする、値段を安くする、などの意味がある。しかし、「勉強します！」という意味をつかむためには、その発言は学生のものか、料理人のものか、それとも販売員のものなのかを前後の文章から判断すること。

②の「慣用句」とは、昔からいい慣らわされた言葉のこと。まず手・耳・まゆ・鼻・のど・腹・骨などについての〝からだ言葉〟から整理させると楽しい。ここもよく中学や高校入試に出題されるので、覚えたものを生活のなかでどんどん使わせておきたい。

慣れが大切なのは「ことわざ」も同じだ。昔からいいならわされた風刺《ふうし》や教訓、知識などをもった短いことばなので、得意にするとクラスで一目置かれるようになる。ただし、「情けは人のためならず」を、情けをかけることは人のためにならない、などと誤解する例が見られるので、本格的な辞典で調べさせることも必要になるだろう。

③の「いろいろな熟語」は、その成り立ちによって区分けする。〝上から下へ〟読むとわかるもの、〝下から上へ〟読むとわかるもの、〝似た意味を重ねる〟もの、〝意味が反対や対になる漢字を重ねる〟もの、〝不・無・非・未で下の言葉を打ち消す〟もの、などに整理する。グ

●四年生の配当漢字（二百字）

愛案以衣位囲胃印英栄塩億加
果貨課芽改械害街各覚完官管
関観願希季紀喜旗器機議求泣
救給挙漁共協鏡競極訓軍郡径
型景芸欠結建健験固功好候航
康告差菜最材昨札刷殺察参産
散残士氏史司試児治辞失借種
周祝順初松笑唱焼象照賞臣信
成省清静席積折節説浅戦選然
争倉巣束側続卒孫帯隊達単置
仲貯兆腸低底停的典伝徒努灯
堂働特得毒熱念敗梅博飯飛費
必票標不夫付府副粉兵別辺変
便包法望牧末満未脈民無約勇
要養浴利陸良料量輪類令冷例
歴連老労録

●画数をまちがえやすい漢字

・四画→予・比・区・引
・五画→史・司・包・令
・六画→成・老・争・各
・七画→良・囲・臣・告
・八画→参・典・固・毒
・九画→胃・変・飛・要
・十画→脈・帯・席・殺
・十一画→陸・唱・貨・望

●七種類の部首

①へん　→持・訳・役・複
②つくり　→新・歌・料・順
③かんむり→落・筆・官・電
④たれ　→原・病・廃・戸
⑤にょう　→速・建
⑥かまえ　→区・囲・門
⑦あし　→思・光・兄・然

ループごとに攻めていくと、熟語のパターンがつかめるはずだ。
④の「反対語」は、熟語の一種とみて成り立ちを考える。「大きい・小さい」のように〝言葉として反対の意味〟のもの、「前・後」「左・右」のように〝意味が反対の漢字〟、「長所・短所」のように〝反対の意味を持つ〟二つの熟語などがわかればいい。
つぎの「意味の似た言葉」は、感覚がすごくみがかれる。「美点・長所」のように意味が同じものはどちらも通じるが、「代金・料金」「方角・方向」などは使いかたで区別しなくてはいけない。ゲーム感覚でやりとりしながら差異を感じとらせるといいだろう。

言葉のきまり――文の細部にこだわるクセをつけよう

ここまでに、主語と述語、修飾と被修飾、指示語と接続語など、語句の文法的な働きを、文法そのものとしてではなく、使いかたとして分けられることを理解してきている。また、その性質から、物の名前をあらわすもの（名詞）、動きをあらわすもの（動詞）、ようすをあらわすもの（形容詞・形容動詞）などにまとめられることもすでに終えている。

四年生ではそれに加えて、①動詞・形容詞・助詞、②修飾語、③指示語と接続語、④文節・主語と述語、⑤敬語・敬体と常体、などの理解を深めていく。ただし、動詞や形容詞といった用語を覚えるよりも、いずれ品詞の分類や文の構造がわかるための基礎をつくることがねらいになる。だが、いつかは覚えなければならないので、以下では用語をそのまま使用する。

①の「動詞」は、〃どうする〃という動きをあらわし、つづく言葉によって形を変え、いいきる形に「う」段の送りがながつく。一方の「形容詞」は、物事が〃どんなだ〃というようすをあらわし、「い」の形でいいきる（形容動詞は五年生の範囲になるので教えすぎなくていい）。

また、自動詞とは「…が…する」の形になって、その主語自身の働きをあらわす。他動詞とは「…が…を…する」の形になり、あらわす動きが他におよび、その対象になるものを助詞の「を」であらわすことが多い。車が動く→自動詞、車を動かす→他動詞、とわかればいい。

つぎの「助詞」は、それだけでは意味がなく、他の言葉にくっついて、言葉と言葉との関係を示したり、意味をつけ加えたりする。先に「は・へ・を」を学習しているが、ほかに〃か・が・と・ば・だけ・よ・まで〃などがある。

②の「修飾語」は、かざり言葉（修飾語）と受ける言葉（被修飾語）を見つけ、それを図（文図《ぶんず》）に分解できるようにする。複雑な文だと主語と述語が二つ（以上）のことがあるので、算数の計算での（　）の要領を応用して整理するといいだろう。

③の「指示語」には慣れているので、「これ・それ・あれ・どれ」がさすものを特定しながら文章を読むクセをつけるといい。この段階では、前に出てきたものをさすのが基本だ。

つぎの「接続語」は、文章的なものになじませよう。「および・ならびに」、「なお・そのうえ・おまけに」、「それとも・もしくは」、「そこで・したがって」、「だが・けれども・ところが」などに強くなると、顔つきが引きしまってくるだろう。

④の「文節」とは、単語と文の中間にあたる、まとまりのある文の最小の単位をいう。区切りに「ネ」を入れて不自然でなければ、それぞれが文節になる。たとえば「庭に／赤い／花が／さいた」は文節で切ったもの、「庭／に／赤い／花／が／さいた」は単語で切ったもの。

また、「主語と述語」には「何が（は）どうする」「何が（は）どんなだ」「何が（は）なんだ」の三つの形があることに気づかせたい。会話では主語や述語をはぶくことがあるが、主語や述語を「……」にしたクイズ形式にしてみると、その働きがよくわかるだろう。

⑤の「敬語」は、尊敬語・けんそん（けんじょう）語・ていねい語の三つのちがいをわからせる。「敬体と常体」は三年生の内容を深めるといいだろう。

文章の読みとり——接続語に注目して文図をつくらせよう

ここでは、①要点と要約、②段落と文章の組み立て、③あらすじと主題の読みとり、④人物の気持ちや性格の読みとり、⑤場面やようすの読みとり、⑥いろいろな文章、などに分ける。いわゆる読解力を養うのだが、文学的な文章（小説など）が減らされ、論理的で説明的な文章が増えてくるので、④や⑤よりも、意見や論理の展開をたどる力のほうが大切になる。

まず「要点」とは、その文や段落のいいたいこと、つまり本筋を「何がなんだ」や「何がどんなだ」という短い形にまとめたものをいう。そして、要点をすべてまとめたものが「要約」になる。要点↓重要なポイント、要約↓ポイントのまとめ、とわからせるといい。

その文の「話題は何か」に気づかせ、「それがどうなのか」をつかませる。文の本筋が主語と述語で構成されるのと同じで、文章の本筋は「話題」（主語的）が「……だ」（述語的）と示され、それが要点であることを理解させる。つぎは、段落ごとの要点をまとめさせる。

②の「段落」とは、いくつかの文がひとまとまりになったもので、ふつうは冒頭を一字下げて書かれる。こうした文の形からのものを〝形式段落〟という。まず文章を形式段落に分けてみて、〝よく使われる言葉〟から話題の中心をつかんで、その要点をまとめさせる。

つぎは、それぞれの段落に小さな〝見出し〟をつけさせ、つなぎ言葉（接続詞）をたどりながら〝話の筋〟がどのように進むのか、をつなげた文図《ぶんず》にさせる。手で描いてみると〝本当の話題〟がはっきりする。ここまでくると、〝形式段落〟にとらわれない、内容から見て重要な意味を持つ〝意味段落〟を見つけることができる。

さらには、この〝意味段落〟とは、「まえがき」「本文」「まとめ」に当たること、ときには「まとめ＝結論」が文章のはじめにくること、などに気づかせればいい。以上がわかってしまえば、もう「文章の組み立て」について疑問は残らないだろう。

③の「あらすじと主題の読みとり」では、一般的に、物語文（小説など）の「いつ・どこで・だれが・どうして・どうなった」をまとめたものを〝あらすじ〟といい、説明文などの全体をまとめたものを〝あらまし〟ということ。また、物語文での作者がいいたいことを〝主題〟といい、説明文などでは〝要旨〟ということをわからせる。

主題を見つけるには、まず文題《ぶんだい》（標題＝タイトル）に注目させる。それが主題をズバリと示すこともある。文題がないときは、「何が……なんだ」や「何が……どうした」の何がに当たることがらが文題にされることが多いので、そこをマークさせておく。

つぎに、文を読んだうえで〝感動したところ〟あるいは〝作者が一番いいたいところ〟をつかんで、それと〝文題としてマークしたもの〟との関係を考えさせる。うまくつながれば、それが主題であり、要旨であることが多いので、こうした作業に慣れさせるといいだろう。

④の「人物の気持ちや性格の読みとり」は、物語文（小説など）にかぎられる。まず登場人物どうしの会話をチェックさせて、AがBに向かって「何といった」のか、BがAに向かって「何と答えた」のかを図にさせるといい。マンガの手法を使って、人物どうしの会話をフキダシにする。本当の気持ちと会話の内容とが一致するとはかぎらないので、心のなかの本音を別の破線によるフキダシ、あるいは相手に聞こえない〝余白〟に、書くことになる。

そんな場合、マンガではチェッ！　クソッ！　という感嘆詞をともなって、石をけってみた

●言葉の意味

- あからさま
- あざける
- 味がある
- いきどおる
- 息をひきとる
- いつくしむ
- いっせいに
- おざなり
- おちぶれる
- おびえる
- かんばしい
- 口をきく
- けたたましい
- こだまする
- ささやく
- しとめる
- すがる
- たけなわ
- だしぬけに
- つぶやく
- とがめる
- なげやり
- ねぎらう
- ののしる
- はかどる
- はぐくむ
- はげます
- ふさわしい
- へりくだる
- 面くらう
- もぎたて
- 目下

●慣用句1

- 頭が上がらない
- 顔から火が出る
- 顔がうれる
- 顔がつぶれる
- 顔がひろい
- 顔にどろをぬる
- 大きな顔をする
- 目から鼻にぬける
- 目が高い
- 目が肥える
- 目がない
- 目くばせ
- 目と鼻の先
- 目もくれない
- 目にあまる
- 目をかける
- 鼻が高い
- 鼻にかける
- 鼻であしらう
- 鼻を折る
- 鼻をあかす
- 耳にたこができる
- 耳が痛い
- 耳をかたむける
- 舌を巻く
- 舌がまわる
- 口がかたい
- 口がすべる
- 口が軽い
- 首がまわらない
- 首を長くする
- のどから手が出る
- 手があがる

り、モノを投げたりする。文章でもそれと同じように、そっぽを向いた、うつむいた、涙をこらえたなど、〝自分の内部に語りかける〟描写になることが多い。

口では「何でもないよ！」といっても、背を向けて走り去ったりすると、その言葉は本心ではない。作者は登場人物にある〝行動〟をさせ、その〝ようす〟を描く。これらを総合的に読みとると、その人物は負けずぎらいだ、さみしがりやだ、などという性格がわかる。「その人物はどんな性格ですか？」とか「そのときの気持ちは？」という設問の形でテストによく出題されるところなので、ウラの心理などを読むクセをしっかりつけてやりたい。

⑤の「場面やようすの読みとり」も、物語文にかぎられる。つぎつぎと〝場面〟を変えることでストーリーが進行するので、その変わり目をつかむことが大切だ。ふつうは「しかし・けれども・ところが」など〈逆接〉のつなぎ言葉が使われ、設定がガラリと変わるので、人物たちの行動なども変わらざるをえなくなり、かくされた性格などがあらわになる。

このあたりもよく出題される。「人物のようすはどう変わったか？」という設問や、つなぎ言葉を――――にしておいて、前後のつながりから適切なものを選ばせる設問になる。

⑥の「いろいろな文章」は、説明文や報告文、手紙や詩などをあつかう。すでに説明文については大ざっぱにふれたが、もう一度まとめておきたい。

その組み立ての柱は「まえがき」「本文」「まとめ」となり、本文は〝話題を示すところ〟↓

〃その話題を説明するところ〃→〃まとめ〃という流れになるのがふつうだ。話題を示すときには、「……は……でしょうか」という問いかけがきて、読者を〃何だろう？〃と思わせる。説明するときは、「たとえば……」や「第一に……」などでいろいろな比較をして、読者に〃なるほど！〃とうなずかせる。そして、「このように……」や「つまり……」ではじまる〃まとめ〃がきて、さらに筆者の感想などがそえられてから、結びがくる。

詩は、あつかいが軽くなった。味わうことが大切だとされるが、詩人が伝えたいものを同じように感じとるのは簡単ではない。鑑賞はむずかしくても、形式や表現法などをつかんでしまうと、情景がよりよく想像できるので、〃わかる〃にだんだん手がとどくはずだ。

まず詩の形式の「連《れん》」とは、文章の段落にあたる。「行《ぎょう》」とは、ふつうは一つの文になるものを二行や三行に分けることで、そこに感情の高まりをあらわそうとする。また、表現法では倒置《とうち》・繰り返し・比喩《ひゆ》・擬人《ぎじん》法・擬声《ぎせい》法・擬態《ぎたい》語などがわかればいいだろう。

以上で四年生を終えるが、読みとりのテクニックには程度の高いものもある。らせん階段を上るように得点力がアップしていくので、すべてを習得するのは五年生から六年生にかけてでもいい。ここでのやりかたの効き目を感じとりながら、さらに知識を増やしていくと、読みとり能力はめざましく伸びるだろう。

五年生では、言葉の幅を広げて文章を深く読みとらせよう

音読と黙読の並行が頭脳を活性化させる！

国語科の骨組みについては、四年生までに終えたことになる。五年生から六年生にかけてさらに配当漢字が増え、新しい文法用語などが加わり、文章が少しずつ専門的になり、随筆や短歌、俳句、文語調の文章などが素材にされるが、骨組みそのものはずっと変わらない。

五年生になると競争心が強くなり、成績での個人差が大きくなる。各教科への好き嫌いが固定化してくるが、その一方で、不得意なものをなくそうとがんばる気持ちは持っている。自分の可能性をどんどん広げながら、自画像をデッサンしはじめる年頃なのだ。

算数の計算のようにスパッと答えが出せないもどかしさはあるが、むずかしい文章が読み解けたときのうれしさには格別なものがある。「やった！」というほどの達成感はないが、手ごたえはずっしりと重い。そのとき、子供たちは日一日と成長していることを実感する。

こうした実感は、子供たちの宝ものなのだ。自分だけの宝ものを増やしていくうちに、文章を読むことで〝ものごと〟を深く考え、その思考のプロセスを一つの表現にまとめる力がつい

てくる。生活体験を重ねることで、抽象的な言葉の意味合いもかなり正確につかめるようになる。こうした力を総合したものが「国語力」であることに気づくと、ますます伸びはじめる。

教科書を音読させる一方で、まとまった文章をすばやく黙読する力もつけてやりたい。一字ごとのひろい読みや、口をモゴモゴさせるつぶやき読みは卒業させたいが、リズミカルな音読と、目で文字をたどる黙読が身についてくると、伸びがグンと加速されるのだ。

黙読すると、目が走っているところはどんどん先にいくが、あたまで理解しているところはもっと手前にある。目のほうが脳の働きよりも速いわけだが、この差（スパン）が大きいほど脳の働きが訓練されるという事実がある。黙読しただけでは内容がつかめないときは、読み直しさせればいい。こうした反復練習によって、頭脳はますます活性化する。

五年生では、「いろいろな漢字」「言葉の意味」「言葉のきまり」「文章の読みとり」「いろいろな文章」「詩・短歌・俳句」「文語調の文章」などの項目で考えていこう。

いろいろな漢字――中学入試でねらわれるものを優先させよう

配当漢字の一八五字は、文章のなかの熟語として覚えさせたうえで、書きまちがえやすいもの、特別な読みのもの、形が似ているもの、同音同訓で意味がちがうもの、などの区分けで反復させる。学校のドリルを終えたら、中学入試問題集をやらせるのも効率がいい。「出題される」→「重要」→「まちがえやすい」→「差がつく」という図式がつかめるからだ。

断っておくが、「入試問題集をやると効率がいい」というのは、受験熱をあおるためではない。進学塾などの教材は過去の入試問題によって作成されている。よく出るものだけをテスト形式でやらせるので、まったくムダがない。その要領のよさを見習ってやらせると、得点力が伸びるのはまちがいないからだ（塾の利用法などは第6章であつかう）。

漢字の「部首」などはおもしろ味に欠けるが、テスト形式でやると「なにくそっ！」という負けん気が生まれる。それをパワー源にして、ひんぱんに出題される漢字などを攻略させながら、七種類の分けかたとその名称などに慣れさせてしまえばいいのだ。

また、「筆順」は学校で教わるものにこだわり、同じくテスト形式でやらせるといい。「画数」もよく出題される。こちらは漢和辞典を引くときに、指先で描くクセをつけさせたい。指揮者がタクトをふるように、点や線、折れ、曲げなどを、身ぶりで覚えさせるのも効果的だ。

テスト形式が有効になるのは、「かなづかい・送りがな」も同じだ。このあたりは、こなした問題量がモノをいう。やればかならず結果は出る。

言葉の意味──「からだ言葉」を背伸びして使わせよう

ここでは、①慣用句・ことわざ、②いろいろな熟語、③反対語・同意語、などをやるが、骨

●五年生の配当漢字（百八十五字）

圧移因永営衛易益液演応往桜
恩可仮価河過賀快解格確額刊
幹慣眼基寄規技義逆久旧居許
境均禁句群経潔件券険検限現
減故個護効厚耕鉱構興講混査
再災妻採際在財罪雑酸賛支志
枝師資飼示似識質舎謝授修述
術準序招承証条状常情織職制
性政勢精製税責績接設舌絶銭
祖素総造像増則測属率損退貸
態団断築張提程適敵統銅導徳
独任燃能破犯判版比肥非備俵
評貧布婦富武復複仏編弁保墓
報豊防貿暴務夢迷綿輸余預容
略留領

●いろいろな品詞

・形容詞→物事の性質をあらわす（いい切りが「い」）
風がつよい。明るい光だ。楽しい絵本

・形容動詞→形容詞と同じ働きをして「……だ」「……な」の形
海は静かだ。　町はにぎやかだ。
みごとな作品

・副詞→他の品詞を飾って意味をくわしくする
ゆっくり歩く　すやすや眠る
けっして～ない　たぶん～だろう
まるで～ようだ　どうしても～か
きっと～する　もし～たら（ても）

・接続詞→文や段落をつなぐ
並列（および）　添加（そのうえ）
選択（それとも・または）
順接（だから・そこで）
逆接（しかし・だが）転換（さて・ところで）

組みは四年生と同じなので、そのレベルアップがねらいになる。

①の「慣用句」は、何度もまちがえるから覚えられる。例の〝からだ言葉〟を使わせるのを糸口にして、どんどん失敗させるといい。大型の「故事ことわざ辞典」などを用意して、親子で教養づくりにはげむくらいの気持ちで対応してほしい（１１５、１２７ページ参照）。

とくに「ことわざ」では、表現されていることばのなかに隠されている〝本当の意味〟をつかませることが大事なので、お母さんがたの誤解や思いちがいを直すのが先になる。

②の「いろいろな熟語」は、自発性や合理化のように〝然・性・的・化〟などをつけて抽象的な意味を持たせるもの、「時間短縮」を「時短」とするように長い熟語を〝省略した〟ものなどが増えてくる。教科書などの新出熟語をかたっぱしから覚えるだけでは十分ではないので、ここはやはり重要漢字の問題集（中学入試問題集をふくむ）で整理するといいだろう。

③の「反対語・同意語」も同じやりかたで、まとめて一気に終えてしまってから、日常のなかで使わせるといい。勉強というよりも、教養を高めるつもりで楽しむことが大事だろう。

言葉のきまり――すぐ問題集にぶつかって覚えさせよう

すでに、主語と述語、かざり言葉（修飾と被修飾）、動作をあらわす言葉（動詞）、くっつき言葉（助詞）、つなぎ言葉（接続詞）、こそあど言葉（指示語）、文の成り立ち（文節・主語と述語)、ていねい表現(敬語・敬体と常体)、などの基礎は終わっている。五年生では、それらへの理解を深めて、一段と文章やことばへの「ふつう感覚」を高めていく。

四年生での内容の「主語と述語の関係」では「何が……する」「何が……どんなだ」「何が……なんだ」の三つの基本形をきちんと定着させたい。主語と述語が二つ以上の文節からできているものも登場してくるので、根気よく、一歩ずつ読みとる力をつけてやりたい。

さらに、主語になる形として、「も・さえ・の・しか・でも・こそ」などがつくものも出てくるので、それらは「が」に置きかえられることに気づかせよう。また、疑問形や命令形などのときの述語にはいろいろなパターンがある、なども重要だ(疑問文では疑問と反語、命令文では命令や禁止、希望、勧誘などの意味によって述語がちがうが、これは中学の範囲になる)。

どんなに複雑な組み立ての文でも、主語と述語を本筋にした文図を描いて、修飾と被修飾の関係をバラしていくと、その意味を正しくつかめる。特殊な組み立ての文に慣れるには、問題集でいろいろな設問を解いていくのが一番だろう。

新しく出てくるのは「いろいろな品詞」だ。すでに動詞と助詞、接続詞の働きを学習してきているが、そのほかに、名詞、形容詞、形容動詞、副詞、連体詞、感動詞、助動詞など、合わせて十種類の品詞の名称と働きを学ぶことになる。

楽しんでやらせるには、ひととおりの知識を身につけたところで、すぐに問題を解かせるといい。品詞一覧表を参照させながら、テスト形式で記憶を定着させると無味乾燥したものにならない。よく出題されるのは、「副詞の働き」「接続詞のちがい」「助詞のちがい」などだ。

副詞では、「けっして……ない」などのように、意味を限定する約束のあるいいかた（副詞の呼応）がよくねらわれる。接続詞では、一つの文を読ませ、接続詞の――に「なぜなら」と「そればかりか」の二つを与えて、二種類の文を完成させたりする。生活のなかでことば感覚をみがいておかないと、おいそれとは正答できないだろう。

助詞では、「と・の・に・で・が」などの働きを区別させる問題がよく見られる。これらは覚えることよりも、出題文をじっくり読むことでちがいが発見できるよう、ふだんから言語活動の幅を広げるようにしておくことが決め手になる。

また、目上の人との会話文での敬語の使いかたもよく出題される。たとえば、「いらっしゃる」「うかがう」などは、その文によって意味がちがってくることに気づかせたい。

文章の読みとり――文章のタイプごとの急所をつかませよう

文章の読みとりの急所はすでに四年生で終えたので、つまずいているようであれば復習に力を入れさせたい。まず話題を読みとり、説明や物語の本筋を見つけ、段落や場面ごとの要点や人物の行動などをつかみ、それらをもとに全体の要点や主題をまとめさせればいい。

念を押しておくと、物語文では、時（いつ）、所（どこで）、人物（だれが）、事件（何をした）などをまとめた〝あらすじ〟は〝主題〟と同じではない。そのねらいは、登場人物を事件に合わせ、そのときの〝気持ちの変わりかた〟をたどり、いろいろな人間ドラマを描くところにある。その劇的な効果を通して伝えたいのが〝主題〟にほかならない。

いろいろな文章――筆者の主張や感動を素直につかませよう

五年生では随筆のほか、記録文、報告文、手紙文などをあつかう。随筆とは、筆者が見聞きしたことを、感想をまじえながら自由な形式で書くもの。登場人物がない場合が多く、意見やものの感じかた、性格などがストレートにあらわされる。筆者がどのようなことがらや体験に心が引かれたのかをつかませ、ほかの文章と同じように処理させればいい。

すでに記録文や報告文、手紙文に親しんできている。それらの特性をつかませ、自分でも書ける素地をつくるのがねらいのひとつだ。記録文や報告文には、動植物の性質や自然環境などの観察や実験によるものが多いので、そうした関心を育てておくことも大切だ。

筆者は「はてな?」という疑問を示す。その疑問を解くためにくふうをこらし、失敗したりしながら、ある結果を見つけ出す。読みとりの急所は、そのくふうと他のやりかたの相違点にある。テストでは「どこがどうちがうか?」という設問が多いので、コツをつかませたい。

手紙文では、差出人と受取人との間がらから、ていねい表現のパターンを決定させる。前文や本文、末文、あとづけなどに慣れ、時候のあいさつなどに自分らしさを盛りこませたい。

詩・短歌・俳句――作者の立場にこだわらせよう

詩は表現法などを押さえたうえで、作者の立場に寄りそって読むクセをつけるといい。テストの設問では、「きみはどう感じるか?」というものはありえない。つねに「作者はどう感じているか」が問われるので、作者の気持ちに一体化することが大切になる。

そうした事情は、短歌や俳句でも同じだ。短歌は三十一音、俳句は十七音という形式であることをつかんだところで、代表的な作品を覚えさせる。ただし、かつてほど重要視されなくなったので、教養を高めるくらいの気持ちで楽しむようにさせたい。

文語調の文章――古来のリズム感に親しませよう

やさしい文章を音読することが中心になる。中学校で文語文や古典の文章を読むための基礎をつくるのがねらいなので、高度なものはやらなくていい。

韻文である短歌や俳句もふくまれるので、そちらと連動させて、リズム感を楽しめるようにさせれば十分だろう。

●慣用句2

・手しおにかける
・手にあまる
・手も足も出ない
・手がこむ
・手がかかる
・手がつけられない
・手をぬく
・手を焼く
・手をこまねく
・手をうつ
・手をかす
・手をつける
・肩をならべる
・肩をもつ
・口車にのる
・腕がなる
・腕によりをかける
・腕をふるう
・腕をみがく
・きもをつぶす
・腹が黒い
・腹をくくる
・腹を割る
・腹が太い
・話の腰を折る
・腰がひくい
・へっぴり腰
・骨をおしむ
・骨を折る
・足がつく
・足が出る
・足が棒になる
・足をあらう
・足をぬく
・血がのぼる
・血まなこ
・かた身がせまい
・身をいれる
・虫が知らせる
・虫が好かない
・虫のいどころ
・犬猿の仲
・猫のひたい
・猫をかぶる
・まくらを高くする
・お茶をにごす
・かぶとをぬぐ
・油を売る
・あわをくう
・後の祭り
・うり二つ
・折り紙をつける
・いもを洗う
・さじを投げる
・しのぎをけずる
・白羽の矢がたつ
・図にあたる
・図にのる
・玉にきず
・たなに上げる
・とらの子
・飛ぶ鳥をおとす
・火の車
・棒にふる
・水の泡
・筆が立つ
・らちがあく

六年生では、テストで正答できる技術を身につけさせよう

身につけた知識を生活のなかで使わせよう！

配当漢字の一八五字は、中学一年生までに使えればいいとされている。だが、中途半端はやめて、正確に書けるようにさせたい。漢字のほかに新しい内容はないので、一段とレベルアップをはかりながら、最終学年にふさわしい国語力を完成させることが目標になる。

より具体的にいうと、授業での「わかる・できる」を完全なものにしたうえで、テストで高得点できる「力＝技術」を身につけさせることを目標にする。その場で、制限時間内に、設問に正答できる、ここをゴールにして実戦的な練習を重ねさせたい。つまり、いい意味での点数へのこだわりが国語力そのものをグンと飛躍させる、と考えてもらいたいのだ。

もちろん、前学年の復習を欠かしてはいけないが、それだけでテストで高得点できるとはかぎらない。基礎が固まると、そこそこの点数はとれるが、その限界をグイと乗りこえて得点を上昇させるためには、文章を読みとる力を中心にした解答テクニックをみがくしかない。

その場でがむしゃらに集中して、あれかこれかを推理しながら、正答にたどり着く。このプ

ロセスを成功させるためには、強引な「力わざ」が必要になる。瞬発力もないとまずい。しかも、いま現在を生きている「ふつう感覚」が高くないと、ピントが合わなくなる。

わかりやすくいうと、どこかに「つまずき」をかかえていたとしても、それを解消するのは復習だけではないということだ。とくに文章を読みとるときには〝いまここで〟爆発的にがんばって考え抜く集中力と根気が必要になるということ、いま現在のことばの感覚をとぎすますと強力な武器になること、この二点をわからせてやることが大事なのだ。

熟語などの知識ものはそのつど覚えさせるのもいいが、ここで発想を逆転させて、先に問題集をザッとやり終えてから、それを生活のなかで使うほうが効率はいい。まずストックとしてつめこんでしまい、それを実際に使うことで本物の力に育てあげればいいのだ。

中学入試によく出るもの、まちがえやすいものにしぼり、「これで知識ものは満点だ！」といえるまで反復させる。慣用句やことわざ、反対語や同意語など、出題される分野に穴があかないようにさせたい。答えが感覚にしっくりこないときは、辞書を引かせ、例文をじっくり読ませて語感のニュアンスを身体に覚えこませるといいだろう。

言葉のきまり――言葉へのこだわり感を大きくさせよう

文の組み立てでの出題は、主語と述語のくいちがい、同じような言葉のだぶり、ていねい表現（敬語）のあやまり、かざり言葉（修飾語）の対象がはっきりしない、副詞の使いかたのあやまり、接続詞の不適当、などだ。五年生でもふれたが、会話文のなかで主語と述語がはぶかれた――に正しいつながりのものを選ばせる設問もある。

たとえば、「……であった」と「……です」などの文末表現をチェックするだけで、主語と述語のズレは発見できる。同じような言葉のだぶりは接続詞や副詞などに多いので、接続詞の働きや副詞の呼応（照応）の問題をたっぷり解かせるといい。副詞の呼応とは、「けっして……ない」や「まるで……ように」などのように、上にある種の語句がくると、下に一定の語や特別ないいかたが必要になるものをいう。

ていねい表現は二年生からなので、もう理解できているはずだが、やはり「けんそん語」がカギになる。話し手を一段下げることで、聞き手や話のなかに出てくる人を一段上げることが〝けんそんする〟という意味なので、単に〝ていねい〟にいうことではないことに注意させたい。文のなかでの使いかたに慣れるのが先だろう。

かざり言葉（修飾語）がどこにかかるのか不明なときは、どこかに読点（、）を打ってみるといい。文を分断してみると、正しいつながりかたが見えてくるはずだ。

品詞については、例文のなかでの〝使われかたのちがい〟によって同一の品詞を区別させる設問がよく出される。読んでみて、文の流れからその差異がつかめればいい。まず正答できる

●六年生の配当漢字（百八十一字）

異 遺 域 宇 映 延 沿 我 灰 拡 革 閣 割
株 干 巻 看 簡 危 机 揮 貴 疑 吸 供 胸
郷 勤 筋 系 敬 警 劇 激 穴 絹 権 憲 源
厳 己 呼 誤 后 孝 皇 紅 降 鋼 刻 穀 骨
因 砂 座 済 裁 策 冊 蚕 至 私 姿 視 詞
誌 磁 射 捨 尺 若 樹 収 宗 就 衆 従 縦
縮 熟 純 処 署 諸 除 将 傷 障 城 蒸 針
仁 垂 推 寸 盛 聖 誠 宣 専 泉 洗 染 善
奏 窓 創 装 層 操 蔵 臓 存 尊 宅 担 探
誕 段 暖 値 宙 忠 著 庁 頂 潮 賃 痛 展
討 党 糖 届 難 乳 認 納 脳 派 拝 背 肺
俳 班 晩 否 批 秘 腹 奮 並 陛 閉 片 補
暮 宝 訪 亡 忘 棒 枚 幕 密 盟 模 訳 郵
優 幼 欲 翌 乱 卵 覧 裏 律 臨 朗 論

●文の組み立て

①主語と述語の関係

春が　きた。　蝶は　ひらひら　まう。

②修飾と被修飾の関係

白い　花が　きれいに　さいた。

③並列の関係（対等に並列する）

シロと　タマは　子ネコだ。

どちらも　元気で　よく　ねむる。

④補助の関係（後ろの文節が補助する）

食べて↑みる。　飛んで↑いる。

⑤独立語

ああ、なんと青い空だろう。

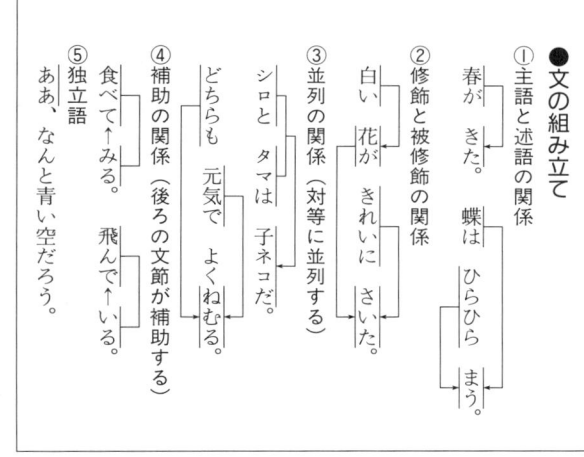

テクニックを身につけてから、品詞の名称を覚えるといいだろう。

文章の読みとり——得点できる力にこだわらせよう

文を読みとる手順は、もう何度も考えてきた。文をまず〝段落〟に分けて、段落ごとの〝要点〟をつかみ、そこから全体の〝要旨〟をつかむことが第一になる。いくつかの段落がどのようにつながるかのカギをにぎるのが接続詞なので、それを検討して文の流れを押さえる。

つぎは、「これ・それ」などの指示語が何をさすかを決める。具体的な語句などを入れてみて、スムースに意味が通じると、それで正答にたどり着いたことになる。

あとは、問題集でいろいろな設問パターンに慣れさせることも、コツのひとつだ。「それとは何をさすか、文中の言葉十字で答えなさい」というものでは、先に設問に目を通しておいてから、文を読みはじめると、どんぴしゃりの字数のところが発見できる。

その字数のものを「わり算」での仮商のようにみなして、その他の設問にとりかかる。そこも違和感なく解けるようだと、仮商は正解だったことになる。算数の代入のやりかたを応用すると、ひとつ、またひとつと答えを確定していくことができるはずだ。

授業でわかったつもりになっても、まだ文章を読みとる力は本物ではない。「できる」を実現するための第一歩は、いろいろな設問を解いてパターンに慣れながら、「なぜその個所がねらわれるのか」にピンとくる感覚を養うことだろう。

そのレベルをさらに進めて、ある文を読みながら、ここから出題するときの設問はこうなるだろう、と予測できるようになると、しめたものだ。設問をつくれるということは、そこが文の〝急所〟であり、みんながまちがえやすい個所だとわかったからだ。つまり、出題者の気持ちにまで踏みこむことができたのだから、その力は本物なのだ。

テストには、子供たちがどこまで理解できているかを計測する要素と、その理解度をさらに伸ばそうとする要素とがある。漢字などの知識ものは機械的な「つめこみ」でかなり達成できるが、文を読みとる力は、それほど単純なものではない。たくさんの生きた問題（中学入試などに出題されたもの）にぶつかって、解きかたのコツを身につけないと伸びないのだ。

逆にいうと、テスト形式できたえていくと、読みとり力はつくのだ。その証拠に、読書が好きでも、テスト形式の練習をしない子供たちの点数が伸びないという事実がある。その反対に、読書をしないのに点数がいいタイプのほとんどが、テスト向けの勉強にこだわっている。

いずれ読書などで養ったパワーが実を結ぶはずなので、世間でよくいう「読書好きにさせると成績は伸びる」というのはウソではない。そのうちに「できる」ようになるわけではない。そのための練習をしないとテストで点数がとれないし、そうした実戦練習がいつしか文章を読みとり、その味わいを鑑賞する力を育てていく、と考えたい。

たとえマンガしか読まなくても、その視覚性やスピード感などを楽しめる子供たちは、文章を味わう感性も育てているにちがいない。文学作品を読まなければダメという大人的な常識にいっとき封をして、点数をとることに前向きにさせてやるのがコツだろう。

いろいろな文章——鑑賞力はかならずあとから身につく

すでに基本は終えてしまったので、どんどん問題をやらせよう。文章はその味わいを鑑賞することが大切ではあるが、そもそも小学生にそれを求めるのはムリがある。テストの設問に正答する力もまた国語力なのだから、あれこれと迷わせないほうがいい。

私たちも、テストでの高得点をめざした。背伸びしすぎず、かといって卑屈にもならず、与えられた設問に正解できる力をつけるためにがんばったのだ。最後に、子供たちの気持ちの持ちかたをいい当ててくれた、ある先輩の意見を紹介しておこう。

「自分だけがむずかしいことをやらされているわけでもなければ、自分が他人より劣っているわけでもない。高度なことも基本をもとに成り立っているのだから、当初からむずかしいことができるようになることなどめざさず、ゆっくり確実に学んでいけばいい」

こう語るのは、富山県の公立中学~県立高岡高校から東大文Ⅰに進んだH・K君だ。こうした経路をたどることで、ようやく文芸的な作品の鑑賞にもチャレンジできるのだ。

第3章

算数は計算力をみがいて成績を上昇させよう

低学年から「足す・引く」の筆算能力を伸ばしてやろう

成績アップの決め手は「計算力をみがくこと」にあり！

算数科は、「数と計算」「量と測定」「図形」という三つの領域で学習をはじめ、三年生から新しく「数量関係」の領域が加わる。このワク組みで小学校の課程を終え、中学数学の「数と式」「図形」「数量関係」へとつながっていく。こうした体系のなかで、基礎的な知識と技能を身につけ、考える力を育てていくことが重要なねらいとされているのだ。

小学校の六年間は、二学年ごとの低学年、中学年、高学年に分けて考えると便利だ。発達段階にぴったりの時期に、それにふさわしい学習内容が用意されているはずなので、ムリなくムダなく授業についていくことを優先させるといい。算数では、計算力がすべてのカギをにぎる。授業だけでは練習不足になるので、家庭学習のやりかたをくふうしたいところだ。

決め手になる「計算力」をみがくためには、前学年などのつまずきへの「あともどり練習」を徹底させるほかに、「範囲を超えるもの」に挑戦させることも大事になる。なぜなら、学年のワクをとり払ったほうが先を見通せるので、計算力を身につけやすい場合があるからだ。

たとえば、整数の加減では、一年生で1位数、二年生で2位数、三年生で3位数をやる。ところが、3位数までいって計算の型（くり上がり・くり下がり）が出そろうことからすると、二年生までに3位数の計算まで進んだほうがわかりやすい（かつては二年生で3位数どうしの加法と減法を終えていた）。かけ算やわり算、小数や分数でも同じようなことがいえる。

授業を中心にしながら、範囲外にも目を配るのは矛盾しているように思える。だが、先どり学習をして差をつけろ！　といいたいのではない。授業を「わかる・できる」にする計算力を高めるために、場合によっては複眼的なやりかたのほうが有効になる、と指摘したいのだ。

また、学校によっては習熟度別のコースをつくる。中学年あたりから「わかる・できる」の差が大きくなるので、積極的に活用させて、きめ細かく教わったほうがいい。先生がたが複眼的な視点を持ちはじめているのだから、「基礎コース」や「発展コース」に分けた学力に応じたトレーニングを通じて、つまずきを一ヵ所ずつクリアさせるといいだろう。

やる気さえあれば、かならず計算力は身につく。前学年などへの「あともどり練習」と「範囲を超えるもの」を併用しながら、理にかなった「つめこみ」をさせるだけでいいのだ。

一年生前期――足し算と引き算では「タテ書きの筆算」を覚えさせよう

まず、モノが正しく数えられるためには、①数詞（1、2、3……）が順にとなえられる、

②数詞をとなえながら同時にモノに指をあてていく、③最後にとなえた数詞が全体の個数をあらわすことがわかる、という段階を踏まなければならない（心理学者ピアジェの実験による）。

つまり、③の段階になっていない子供たちに数の計算などを教えても効果はないのだ。早い遅いはあっても、だいたい五～七歳で達成できるといわれるが、なかには二年生になってもまだ数の概念があやふやな子供たちがいるらしいので、そこを注意してやりたい。

つぎに、「子供たちは計算することが好きだ」ということを知っておきたい。親たちにはつまらなく思えても、足したり引いたりに夢中になる時期なのだ。「数と計算」では100までの数、加法・減法の意味、加法・減法の素過程、「量と測定」では長さの素地、「図形」では立体図形の素地、上下・左右・前後などをやる。数の計算が楽しければ心配はいらないので、その他のものは関心がある程度でいいだろう（以下、標準的な授業進行にそって考える）。

一学期は、「数をかぞえる」からスタートする。リンゴなどの絵を指で押さえながら、「いち、に、さん……」とかぞえ、数詞の「いち」と1番めのリンゴを対応させ、「に」と2番めのリンゴを対応させる。リンゴが5個あるとき、「ご」に対応するリンゴは5番めの1個しかないが、その集まりの「5」（集合数）が多さをあらわす「5」であることに気づかせる。

つぎは、1、2、3……10を覚え、2つの数の「どちらが、いくつ大きい」をやり、「何番め」に進むが、モノの順番や位置などを示す順序数（数詞もふくまれる）と、モノの集合の大

一年生の算数の急所

①「たして５以下」になる２つの数

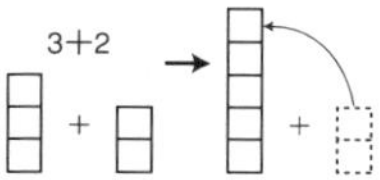

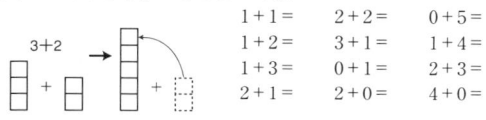

1+1=	2+2=	0+5=
1+2=	3+1=	1+4=
1+3=	0+1=	2+3=
2+1=	2+0=	4+0=

②５をもとにして「たして10まで」になる２つの数

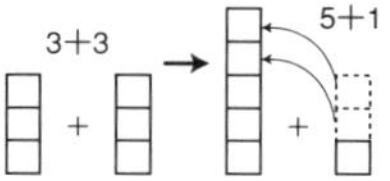

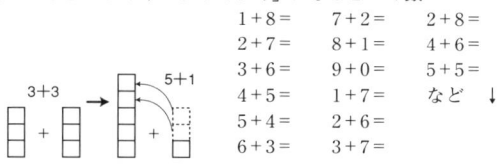

1+8=	7+2=	2+8=
2+7=	8+1=	4+6=
3+6=	9+0=	5+5=
4+5=	1+7=	など ↓
5+4=	2+6=	
6+3=	3+7=	

③５をもとにして「たして10以上」になる２つの数

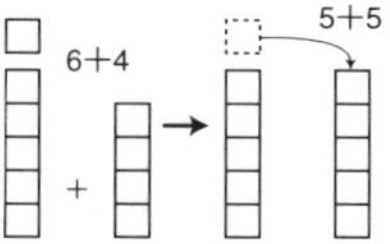

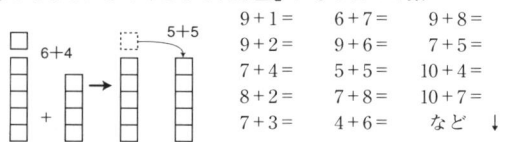

9+1=	6+7=	9+8=
9+2=	9+6=	7+5=
7+4=	5+5=	10+4=
8+2=	7+8=	10+7=
7+3=	4+6=	など ↓

④５までの数の引き算

0−0=	2−1=	5−1=	3−0=	5−4=	3−3=	など
4—0=	5−5=	3−2=	4−2=	5−3=	4−4=	↓

⑤10までの数のひき算

10−9=	8−7=	7−1=	10−5=	8−4=
5−2=	6−4=	9−4=	6−5=	10−3=
7−6=	10−8=	5−3=	9−1=	5−4=
10−4=	7−5=	8−2=	7−3=	9−6=
9−8=	4−3=	10−7=	6−2=	8−5=
5−1=	9−2=	6−3=	10−6=	6−1=
8−3=	10−1=	7−2=	8−1=	7−4=

⑥1けたの数のひき算

5−1−3=	7−1−4=	8−1−5=	9−1−7=
6−1−2=	9−1−6=	8−1−4=	7−1−5=

きさ（個数の多さ）を示す集合数とのちがいをつかませることが大事だ。ここで「れい」つまり「0」を教える場合もあるので、0、1、2、3……10という順序で覚えさせるといい。

つぎの「いくつといくつ」からは、タイルや数え棒などの半具体物が使われ、足し算の素過程をやる。素過程とは、1位数（1ケタの数）どうしの計算、あるいはその逆の計算のことをいう（複合過程とは2位数の足し算のこと）。7は2と□？　4と2で□？　のように〝足して10未満になる2つの数〟の練習をやらせ、「0」をふくむ計算にも慣れさせる。

つぎの「足し算1」と「引き算1」では、〝□＋□＝□〟や〝□－□＝□〟というヨコ書きの式にするが、「十進位取《しんくらいど》り記《き》数法《すうほう》」を少しずつ教えて、タテ書きの筆算（二年生以降の内容）をさせるのもいい。整数の筆算は、いくらケタ数が大きくなっても、1位数どうしの計算（素過程）を組み合わせてできるのだから、その原理をわからせるのもコツのひとつだろう。

つぎの「10より大きい数」では、〝11を101〟〝22を202〟とするまちがいを注意してやり、「0」の意味をはっきりさせたい。タテ書きの筆算で位を合わせることを身体で覚えさせるとまちがいはなくなるし、計算のプロセスを残すことの効果も期待できる。

一年生後期――「引き算の意味としくみ」をわからせよう

二学期は、「長さを比べる」からはじめる。二本の鉛筆の長さは一端をそろえて並べ、反対側の端でその大小がわかる（直接比較）。比べるものが移動できないときは、ヒモなどで長さを移しとって判定するが（間接比較）、どれだけ長い（短い）かを表現するために、数値化が必要であることに気づかせるだけで十分だろう。

つぎは「足し算２」と「引き算２」をやる。〝9－4＋3＝□〟や〝5＋4－2＝□〟などに進むので、①５までの数の引き算、②足して５以下になる２つの数、③足して10以下になる２つの数、④足して10以上になる２つの数、などの練習を「５」を一つのステップにしてやらせたい。

足し算を用いるのは、①はじめにある数量に追加したり、増加したりしたときの大きさを求める（増加型）、②２つの数量を合わせた大きさを求める（合併型）、③ある番号や順番から、さらに何番めかあとの番号や順番を求める（順序数をふくむ加法）、の三つの場合だ。

引き算は、①はじめの数量が減少したときの残りの大きさを求める（求残型）、②２つの数量の差を求める（求差型）、③ある順番からいくつか前の順番を求める、２つの順番のちがいを求める（順序数をふくむ減法）、の三つの場合だ（足し算と引き算の使い分けは二年生から）。

文章題では、その表現のしかたに引きずられて、なぜ「引き算」なのか、なぜ「足し算」なのかに迷うことが多い。パッと式を書いて「こんなこともわからないの？」というのはやめにして、合併や求残などの用語を使わずに、やさしく説明できるように準備しておきたい。

さらに「引き算」では、計算のしかたも重要になる。13－6の場合、(10－6)＋3のように10

から引いて残りを加えるやりかた（減加法）と、(13−3)−3のように順に引いていくやりかた（減々法）がある。「10のまとまりからとる」「端数からとる」のちがいをわからせたい。ここでは、2ケタの数の計算は二年生から、というワクをはずしてもかまわない。

つぎの「100までの数」は、がんばりどころになる。「十進位取り記数法」では一、十、百などの単位の大きさをあらわすのに、位置のちがい（位取り）を利用する。これを教えてもらわないまま、というのは苦しい。一の位の仲間、十の位の仲間に分けて考えさせ、一の位から十の位への〝くり上がり〟を、タテ書きで数の位をそろえることでつかませておきたい。

ここでは、十の位から一の位への〝くり下がり〟も感覚にきざんでおきたい。すると、十の位から百の位への〝くり上がり〟や、百の位から十の位への〝くり下がり〟がわかる素地が育つはずだ。タテ書きの筆算ができるようにしておくと、二年生で苦労しなくてすむ。

かつては2位数どうしの足し算と引き算までやったのだから、子供たちにやれないはずはない。かならずしも二年生の内容までこなす必要はないが、学年のワクをはずして先を見通すことが大事なのだ。また、「図形」では基本的なことに終始するので、楽しませればいい。

一年生の「あともどり練習」――ゲーム感覚で、だんだんスピードを上げよう

一年生で学習する用語と記号は、「一の位」「十の位」「＋」「－」「＝」までだ。前期では早

く「できる」よりも「わかる」を重視して、足して5になる数と、足して10になる数を骨格にして、「いくつといくつ」を、いろいろな数を使って言い換えさせる。

①1ケタの数を、2つの1ケタの数に分けると？

②2つの1ケタの数を足すと？

この二つを、ゲーム感覚で楽しませる。「0」も加えて、「ワクがあるのに中身がない」のが「れい」であるとつかませるといい。スピードを上げていくと暗算能力が伸びるので、ヨコ書きの式の「＋」「－」「＝」にも違和感がなくなり、はやく正確に計算できるようになる。

ただし、暗算はあたまのなかの操作なので、検算できない。進まないようなら、タテ書きの筆算の練習を加えて、紙に数字を残すようにさせるといい。計算力がついてくると、「筆算はめんどうだから、暗算でやろう！」という気持ちになるので、気長に待ってやりたい。

冬休みと春休みは、「あともどり練習」と、足し算と引き算をたっぷりやらせる。足し算と引き算での〝くり上がり〟と〝くり下がり〟のしくみを感覚になじませておきたい。数の計算では「いつも満点がとれる！」という自信を持たせることが大事なのだ。

二年生前期――「くり上がり・くり下がり」に習熟させよう

この学年では、「数と計算」で3位数・4位数、2位数どうしの加減、乗法の意味、九九などをやる。「量と測定」では長さ（㎝、㎜、m）と時刻読み、「図形」では直線・平面図形の構成と分解、三角形と四角形などをやる。

まず「足し算1」では、1＋4＝5は4＋1＝5のように、足す数と足される数を反対にしてもいいことをわからせる（交換法則）。また、9＋4を（9＋1）＋3として、10をつくり、（　）のなかを先に計算するといいことを気づかせる（結合法則など）。34＋2＝30＋（4＋2）としてもいいことがわかると計算がラクになるので、少しずつ能率がよくなるだろう。

そして、9＋3＝□では、9にいくつ足すと10になるかを考えさせ、その10に対する補数1をもう一方の数3から9に移すやりかたで〝くり上がり〟を覚える（10の補数法）。また、8＋6＝□では、足される数8を「5と3」、足す数6を「5と1」に分解し、両方の「5と5」で10、バラの「3と1」で4、答えは14とする加法だけのやりかたもある（5・2進法）。

つぎの「引き算1」では、13－9＝□は1ケタの数3から9を引けないので、13を10と3に分け、10－9＝1とし、1と3を足して4とすることで〝くり下がり〟を覚える（減加法）。また、10を5と5に、3を2と1に、引く数9を5と4に分けるなど、数を「5といくつ」に分けるやりかたもある（5・2進法）。ただし、教科書のやりかたに習熟させるのが原則だ。

ここまでは十の位までの数だったが、つぎの「大きな数」では百の位の数をあつかう。かつて学習した不等記号「＞・＜」は中学へ移行されたので、数の相対的な大きさをつかんで、五

二年生の算数の急所

①式をつくって計算のくふうをする

9+5=（9+1）+4　　　24+3=20+（4+3）

8+4=（8+2）+2　　　41−7=30+（11−7）

17−4=10+（7−4）　　41−7=31+（10−8）　など

②タテ書きの式で計算する（先に一の位→つぎに十の位）

```
  2③  ⇒   ②3           2  ③  ⇒  ②   3 （小1は補助数）
+ 1⑤     +①5         + 1¹ ⑨     +①¹  9
─────    ─────       ────────   ────────
   ⑧      ③8              ②      ④   2
```

```
                                                  一の位
  2⑦  ⇒   ②7       3 → ⑩           ③           ⑩ − ⑧ = ②
− 1③     −①3       ↑                ↑           ② + 3 = 5
─────    ─────      4   3            4   3       十の位
   ④      ①4     − 1   ⑧   ⇒   −①   8          4 − 1 = ③
                  ─────────      ─────────       ③ − ① = ②
                        ⑤          ②   5
```

③くり下がりを得意にするための練習題

11−2=　11−7=

11−3=　11−8=

11−4=　11−9=

11−5=　12−3=

11−6=　12−4=

```
  100     100     100
−  13   −  24   −  47
─────   ─────   ─────

  100     100     100
−  86   −  62   −  79
─────   ─────   ─────
```

④「百ます足し算」で計算力をアップさせよう！

+	2	6	3	5	1	0	8	9	4	7
2										
6										
3										
5			8							
1										
0										
8								17		
9										
4										
7										

左ますに0から9までの数を任意に入れ、上のますにも同じ順に数を入れ、上の数と左の数を足していく（左のほうから）

百九十三などの数詞が書けるようにするだけでいい。日本語ではうしろから4ケタごとに区切るが、ヨーロッパの数体系ではうしろから3ケタごとに区切るところに注意させたい。

さらに「足し算2」では、〃2位数どうし〃の足し算をやりながら、「十進位取り記数法」による〃くり上がり〃を自在にできるようにさせる。すでにタテ書き筆算に慣れていると順調に進めるので、〃1ケタの数を3つ足す〃タテ書き練習をさせて伸ばしてやろう。つぎの「引き算2」でも〃2位数どうし〃の引き算をやりながら〃くり下がり〃をできるようにさせる。

このタテ書きの筆算での注意点は、①ノートにきれいに書かせる、②「＋」や「－」記号の下のヨコ線を小型定規で引かせる、③つねに位取りを合わせる、④くり上がり・くり下がりのさいの補助数字も書く、などだ。とくに②の作業がすばやくできるとミスがなくなる。

また、「長さの単位」では、メートルとセンチメートル、ミリメートルの関係がわかればいい。「時刻読み」では、大事な時刻を〃何時・何時半〃でつかませ、短針と長針の比が1対12らしいことに気づかせる。「図形」では、三角形と四角形になじむ程度でいい。

二年生後期――「九九」を覚えると計算力がグンと伸びる

ここのハイライトは、「乗法の意味」と「九九」だ。まず「乗法の意味」では、たとえば12個のオハジキを2×6（または6×2）、3×4（または4×3）のように並べることによって、一つの数をほかの数の積としてつかませる。それが「かけ算」であることを理解し、$2\times6=6\times2$、$3\times4=4\times3$という性質（交換法則）があることに気づかせることが出発点になる。

つぎの「九九」は、5の段、2の段、3の段、4の段からスタートして、総九九（百とおり）を習熟することになる。だが、小さい数を先にとなえる「順九九」をまず覚えたうえで、でたらめな順でやっておくとしっかり身につくはずだ（0の段と1の段はいらない）。「九九」が乗りきれないと、算数はできるようにならない。数を抽象的にとらえる能力が発達するこの時期に、一気に覚えさせるのは理にかなっているのだ。その証拠に、「九九」のできない高校生に暗唱させてもまったく効果がないらしい。三年生までに何とか、という気持ちもいらない。調子よく唱えるうちに、身体のリズムにさせてしまうのがコツだろう。

数では4位数（千の位）まであつかうが、「大きな数だからむずかしいのでは？」という考えを除いてやりたい。数の大きさにかかわらず、整数の筆算というものは、1位数どうしの計算あるいはその逆の計算（素過程）の組み合わせなのだ、とわからせてやるといい。

そのためには、ここで「3位数どうしの足し算と引き算」（三年生の内容）まで進ませるのも方法だろう。その段階ですべての計算の型（くり上がり・くり下がり）が出そうなので、数の計算への自信がもてるようになる。余力があるようなら、挑戦させてみても損はない。

「3位数どうしの引き算」では、とくに一の位も十の位も〝くり下がる〟ような2回くり下がりの型で、引かれる数の十の位が0のとき、などに慣れること。そこまで到達して、ようやくすべての引き算の型を終えたことになる。

二年生の「あともどり練習」――「すばやい計算力」を伸ばしてやろう

二年生での用語・記号は「単位」「直線」「×」までだが、式でのカッコ（ ）と□（中学でのXやYにつながる）が使えるようにすること。「あともどり練習」のポイントは、

①足して10になる数の計算をはやくやる
②1ケタの数を3つ足すのをはやくやる
③1ケタの数を3つ足すと〝くり上がり〟する計算をはやくやる
④1ケタの数と2ケタの数を足すと〝くり上がり〟する計算をはやくやる
⑤2ケタの数から1ケタの数を引く計算をはやくやる
⑥6は□と2、などをはやくやる
⑦九九を使って1ケタの数を3つ足す計算（4＋5＋3＝4×3など）をはやくやる

これらを毎日十五～二十分やると、かならず計算力が伸びる。1ケタの数がすばやく足し算できると、三年生でのかけ算能力アップにつながるので、「百ます足し算」をはじめるのもいい。一年生と同じで「いつも満点がとれる！」ことを目安にしたい。

中学年では「かけ算」と「わり算」能力を伸ばしてやろう

三年生前期――「計算をラクにするくふう」を追求させよう

中学年では、少し複雑な計算にとり組む。「わかる」と「できる」が分離しはじめ、「できるが、わからない」という傾向も見られるようになる。そこを乗りきるには計算力（できる）をみがかせ、そのパワーを考える力（わかる）につなげるといい。また、授業ノートをきれいに残す、テストをやり直して「家庭学習では満点！」を実現する、この二つが大事になる。

三年生では、数は9999万（千万の位）まであつかい、「数と計算」では3位数どうしの足し算と引き算、2位数・3位数×1位数、2位数×2位数、除法の意味、除法の素過程などをやる。「量と測定」では長さ（km）、かさ（ml、dl、l）、重さ（g、kg）、時間と時刻（日時分）などをやる。「図形」では、長方形、正方形、直角三角形、箱の形、図形の構成要素など。新しく加わる「数量関係」では棒グラフをやる。

まず「かけ算1」では、九九をもとに、〝かける数〟と〝かけられる数〟を反対にしてもいいという性質（交換法則）を利用して、計算をラクにするくふうをさせたい。

2ケタの数×1ケタの数は、1ケタの数を3つ足す暗算をやって〝足し算能力〟を高めてからやるとスムーズにいく。二十問ほどの暗算カードを作成して、算数の勉強のはじめに一回だけやらせる、あるいは読んで答えさせるやりかたが効果的になる。

2ケタの数×2ケタの数、3ケタの数×1ケタの数も、同じやりかたでいい。九九が身についてしまうと「かけ算＝足し算」とみていいのだから、足し算でのミスに気を配らせたい。

さらには、2ケタの数×2ケタの数ができると、3ケタの数×2ケタの数（小学校の範囲外）までほんのひと息なので、かけ算のすべての型がこなせるようにしておくのもいい。たとえば、3ケタの数の十の位が「0」である型の処理などができないと、盲点が生まれるからだ。

文章題では、かけ算と足し算、引き算の混合したものをやる。式をつくったら、かけ算を先にやる、という基本ルールを徹底させる。カッコ（　）と□の用いかたにも習熟させたい。

かつては、かけ算とは「順々に同じ数を足していく」あるいは「ある数を何倍かする」ときに使うものとして習ったらしいが、現在は「1あたり（量）」×「いくつ分」＝「全体の量」と習っている。ここがわかると、「かけ算」の逆算である「わり算」にすんなり進んでいける。

つぎの「わり算1」は、①「全体の量÷いくつ分＝1あたり量」、②「全体の量÷1あたり量＝いくつ分」、この二つの意味のちがいをわからせること。通常の授業では①を終えてから②に進むが、そこでとまどってしまう子供たちがたくさんいるらしい。

三年生の算数の急所 1

①かけ算のくふう

$\bigcirc \times \triangle = \triangle \times \bigcirc$

$8 \times 5 = 5 \times 8$

12×15

$= 2 \times 6 \times 15$

$= (2 \times 15) \times 6$

$= 30 \times 6$

②わり算のくふう

$\square \div 4 = 3$

$\square = 3 \times 4$

$\square \div 4 = 3$、余り2

$\square = 3 \times 4 + 2$

③文章題での式の立てかた

・1000円で640円の本を買うと、おつりは？

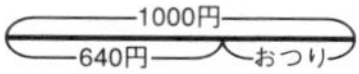

$(1000 - 640 = \quad\quad)$

・1個140円のリンゴを3個買うと、いくら？

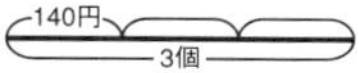

$(140 \times 3 = \quad\quad)$

・2300円もっていたところに1500円もらうと？

$(2300 + 1500 = \quad\quad)$

・10mのヒモを4人で分けると、ひとりは何m？

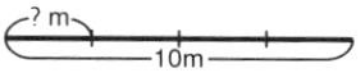

$(10 \div 4 = \quad\quad)$

④「百ます引き算」で時間の短縮をめざそう！

－	12	16	13	15	11	10	18	19	14	17
2										
6										
3		13								
5										
1										
0										
8										
9							9			
4										
7										

左ますに0から9までの数を任意に入れ、上のますに10を加えた数を同じ順に入れて、上の数から左の数を(左から順に)引き算していく

①は等しく分けて1つをとり出すので、たとえばクラス全員にアメを配る場合のように、最後にならないと何個もらえるかわからないが、もらえることは明白だ（等分除）。それに対して②は、もらえる個数を先に決めるので、もらえる人数はすぐわかるが、自分まで配られるかどうかは最後までわからない（包含除）。文章題などでは、とくに気をつけさせたい。

また、「わり算」でわりきれない場合は〝余り〟が出て、〝余り〟はつねに〝わる数〟より小さくなる。わられる数（□）をさがすときは、□÷3＝2を、□＝2×3にすればいい。

□÷3＝3で余りが2のときは、□＝3×3＋2になることもわからせたい。

つぎの「大きな数」では、十万、百万、千万の単位をやる。また、「足し算・引き算」は3ケタの数どうしまでしかやらないので、「いつも満点!」を目標にさせたい。2ケタの数どうしの足し算や引き算などを暗算でやるようにすると、計算力はさらに確実なものになる。

長さ（km）、かさ（ml、dl、l）、重さ（g、kg）では、単位の換算に注意させること。時間と時刻（日時分）では、単位の関係をわからせ、〝ある時刻からある時刻〟までの時間などを計算できるようにして、六十進法を覚えさせればいいだろう。

三年生後期――引き算能力を高めて「わり算」を得意にさせよう

ここの「かけ算2」では、3ケタの数×1ケタの数、2ケタの数×2ケタの数の問題量をこなしたうえで、余力があるときは、3ケタの数×2ケタの数までやったほうがいい。同時に、ヨコ書きの式での（　）や□の使いかたをくふうさせて、計算の順序を身につけさせたい。

つぎの「わり算2」では、わる数（除数）と答え（商）が1ケタの数の場合にかぎられるので、九九を一回用いるだけで商を求めることができる。かつては、2ケタの数÷1ケタの数、3ケタの数÷1ケタの数までこなしたので、能力的に不足なわけではない。まだ先のある話だが、中学受験などを考える場合は、範囲を超えるものに手をつけるのも悪くないだろう。

かけ算では1ケタの数をすばやく足し算できることがカギだったが、わり算では引き算をすばやくできるかどうかがカギになる。この段階では1ケタの数どうしの引き算でいいが、2ケタの数÷1ケタの数、3ケタの数÷2ケタの数（四年生の内容）では、2ケタの数から1ケタの数を引く暗算が決め手になるので、足し算と引き算の暗算能力を高めておきたい。

また、少しずつ文章題が複雑になってくる。物を買って〝いくら払う？〟という型、〝おつりはいくら？〟という型、ある金額を払っておつりがきたときの〝その1個はいくら？〟という型、などだ。まず線分図であらわし、何算かを考えさせる。高学年で本格的にやる植木算や旅人算、通過算、流水算などの基礎にあたるので、着実にこなすようにさせたい。

長さではkm、m、cm、mmを終えているので、メートル法のしくみ（六年生の内容）をやらせるのもいい。昔の覚え歌に「キロキロ（1000）とヘクト（100）デカ（10）けたメートル（1）が、デシ（$\frac{1}{10}$）に見られてセンチ（$\frac{1}{100}$）ミリミリ（$\frac{1}{1000}$）」というのがある。この関係は、長さ、かさ、重さ、トラックの積載量（t）、広さのアール（a）などに共通するので、まとめると効率がいい。十分の一ごとの関係をつかむと、四年生での小数がよくわかるはずだ。

そのほか、「図形」では正方形と長方形をやり、その正方形や長方形を対角線で二つに分けることによってできる特別な形が直角三角形であることをわからせる。「数量関係」での棒グラフでは、数量の大小、最大値と最小値、項目間の関係、集団の特徴などがわかること。「そろばん」もやるが、十進位取り記数法がわかるための補助と考えるといいだろう。

三年生の「あともどり練習」――「足す・引く・かける」の基本能力を伸ばそう

三年生での用語・記号は「等号（＝）」「直角」「÷」まで。ひたすら量をこなすことで計算力から死角をなくしてやりたい。九九のほかの練習のポイントは、

①1ケタの数を3つ足す暗算をすばやく
②2ケタの数から1ケタの数を引く暗算をすばやく
③ヨコ書きの2ケタの数と1ケタの数を足すを暗算ですばやく
④4ヨコ書きの2ケタの数×1ケタの数を暗算ですばやく
⑤計算のくふう（12×15＝2×6×15＝30×6＝180）などをすばやく

三年生の算数の急所 2

①積み木式の計算練習

369	240
+ 369	− 24
738	216
+ 369	− 24
1107	192
+ 369	− 24
1476	168
+ 369	− 24
1845	144
+ 369	− 24
2214	120
+ 369	− 24
2583	96
+ 369	− 24
2952	72
+ 369	− 24
3321	48
+ 369	− 24
3690	24
	− 24
	0

②メートル法のしくみ

1000メートル＝1キロメートル

100メートル＝1ヘクトメートル

10メートル＝1デカメートル

1メートル＝1メートル

$\frac{1}{10}$メートル＝1デシメートル

$\frac{1}{100}$メートル＝1センチメート

$\frac{1}{1000}$メートル＝1ミリメートル

③足し算引き算をはやく正確に

18	26	17	43	55
+ 5	+ 9	+ 4	+ 8	+ 7

69	34	86	47	64
+ 3	+ 7	+ 8	+ 5	+ 9

12	14	25	31	43
− 6	− 7	− 18	− 27	− 39

236	348	415	531
− 198	− 269	− 327	− 495

④「百ます九九」をでたらめな順序でやろう！

×	4	7	2	1	8	0	9	5	3	6
4										
7										
2		14								
1										
8										
0										
9										
5									15	
3										
6										

などを、毎日かならず時間を決めてやらせたい。「百ます計算」での足し算、引き算、かけ算も組み合わせて、前回よりも短い時間で終えるようにさせると効率がよくなる。

四年生前期――計算力をアップさせて「文章題」を得意にさせよう

このあたりから計算力の差が大きくなるので、いまの授業に集中させる一方で、「あともどり練習」にも力を入れさせたい。つまずきの程度しだいでは二年生の内容にまでもどる必要があるが、「アセらずアワてず」を鉄則にして、九九や1ケタの数を足す計算にはげませるといい。「百ます計算」での時間を記録しながらやり抜かせると、かならず結果は出る。

まず「数と計算」では億・兆の単位、概数と四捨五入、2位数・3位数÷1位数、2位数・3位数÷2位数、小数どうし（第1位）の加減、分数（真・帯・仮）の意味と用語、（　）内の乗除先行などをやる。分数と小数には、とくに気を引きしめてかからせたい。

また「量と測定」では面積（㎠、㎡、㎢）、角度など。「図形」では二等辺三角形、正三角形、円・球など。「数量関係」では折れ線グラフ、2つの事柄について起こる場合などをやる。

すでに習得している「十進位取り記数法」の原理は、①それぞれの単位の個数が10になると新しい単位におき換える、②それぞれの単位を異なる記号ではなく、位置のちがいで示す、にある。ここがわかると、億や兆の単位や、概数（おおよその数）や四捨五入もやさしい。〝どの位で〟という指示を守るだけで正答できるはずだ。

つぎの「わり算」では、「わられる数」＝「わる数」×「商」＋「余り」を定着させて、２ケタの数・３ケタの数÷１ケタの数、２ケタの数・３ケタの数÷２ケタの数の計算をやらせたい。その直前に、２ケタの数から１ケタの数を引く練習をクセにさせると効率がよくなる。

その手順は、①仮商（商の目安）を立てる、②かける、③引く、④下ろす、の四拍子で覚えるといい。わられる数が３ケタの場合は、十の位と一の位の数を指でかくして仮商を立てる、つぎは一の位の数だけをかくすなどの指かくしの方法がふつうだ。わる数が２ケタの場合は一の位を指でかくす、切り上げる、切り下げるなど、必要に応じて変型させるといいだろう。

ここでの急所は、仮商の修正だ。何度もやり直すようだといやになるので、パッと見当がつかないときは、①「９」からはじめる、②「５」からはじめる、をクセにさせたい。

わり算での文章題は、その〝余り〟をどうするかがカギになる。たとえば、１台に米を45俵積めるトラックを使って５００俵を運ぶとき、11回では余りが出るので、12回でないと運べない。また、クラス全員で写真を撮って代金を払う場合に、人数でわって〝余り〟が出たときは切り上げた金額を集めないと支払い金が不足してしまうことをわからせる。

このあたりの感覚は、生活体験が多いほどしっかりしてくる。友達と電車に乗ったり、お菓子を買ったりという体験をさせながら、かかった費用をみんなで均等割りするクセがついているようだと、とんでもない答えが出たときは、どこかでミスしたと気づくものだ。

注意したいのは、ふつうの授業では3ケタの数×2ケタの数をやらないという問題だ。たとえば、102×36=□など、十の位の数が「0」の3ケタの数でのかけ算で、その「0」をどう処理するかでのミスがすごく多い。そこまでやらないと「かけ算」についての型が出そろわないのだから、力があるようなら、習熟度別の「発展コース」などで身につけてほしい。

また、中学受験を考えている場合は、塾などでがんがん量をこなすこと。「ゆとり」へ向けて負担を減らされたシワ寄せがこうした事態を招いたのだが、計算力をつけないと合格はおぼつかないのだから、黙々とやらせて水準以上に引き上げてしまうのが正解だろう。

つぎの「量と測定」では、面積（㎠、㎡、㎢）、角度などをやる。「長方形の面積」=「タテ」×「ヨコ」の公式から、面積の単位は長さの単位から誘導されたことに気づかせる。角度は回転の大きさをあらわす量としてとらえ、単位は「度」であることを覚えさせる。

また「図形」では、二等辺三角形の底辺の2つの角は同じ、正三角形の3つの角は60度などを、三年生での直角三角形の性質と結びつけてつかむ。円では、直径は円の中心を通る直線であること。球では、平面で切ると切り口はどこも円になる、真半分に切ると切り口が最大になる、などがわかればいい。

つぎの「数量関係」では、折れ線グラフを用いて、ともなって変化する2つの数量の特徴を

四年生の算数の急所　1

①わり算の予備練習→くり下がりと余りの出る計算

10÷3＝	11÷3＝	11÷9＝	13÷5＝	14÷6＝	15÷7＝
10÷4＝	11÷4＝	12÷5＝	13÷6＝	14÷7＝	15÷8＝
10÷6＝	11÷5＝	12÷7＝	13÷7＝	14÷9＝	15÷9＝
10÷7＝	11÷6＝	12÷8＝	13÷8＝	15÷2＝	↓
10÷8＝	11÷7＝	12÷9＝	13÷9＝	15÷4＝	
10÷9＝	11÷8＝	13÷2＝	14÷5＝	15÷6＝	

②分数と小数の関係

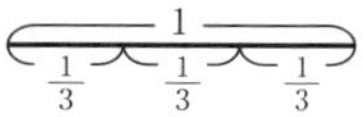

$\frac{1}{3}+\frac{1}{3}+\frac{1}{3}=1$

$\frac{2}{2}$, $\frac{3}{3}$, $\frac{4}{4}$, $\frac{5}{5}$……1

1の$\frac{1}{10}$は0.1　0.1の1倍は0.1

1の$\frac{2}{10}$は0.2　0.1の2倍は0.2

1の$\frac{3}{10}$は0.3　0.1の3倍は0.3

1の$\frac{4}{10}$は0.4　0.1の4倍は0.4

③分数と時間

1分＝$\frac{1}{60}$時間

35分＝$\frac{35}{60}$時間

1時間10分＝$1\frac{10}{60}$時間

＝$1\frac{1}{6}$時間

・3時間40分＋1時間39分

＝$3\frac{40}{60}+1\frac{39}{60}$

＝$4\frac{79}{60}$

＝$5\frac{19}{60}$

＝5時間19分

・4時間16分－2時間32分

＝$4\frac{16}{60}-2\frac{32}{60}$

＝$3\frac{76}{60}-2\frac{32}{60}$

＝$1\frac{44}{60}$

＝1時間44分

④分数の計算のくふう

$\frac{5}{\textcircled{3}}=5\div\textcircled{3}=1\frac{2}{3}$

$\frac{8}{\textcircled{3}}=8\div\textcircled{3}=2\frac{2}{3}$

$\textcircled{2}\frac{1}{\textcircled{4}}=\frac{\textcircled{4}\times\textcircled{2}+1}{\textcircled{4}}=\frac{9}{\textcircled{4}}$

$\textcircled{3}\frac{\textcircled{4}}{5}-\textcircled{2}\frac{\textcircled{1}}{5}=\textcircled{1}\frac{3}{5}$

$2\frac{1}{7}-\frac{3}{7}=1\frac{8}{7}-\frac{3}{7}=1\frac{5}{7}$

$5-1\frac{4}{5}=4\frac{5}{5}-1\frac{4}{5}=3\frac{1}{5}$

$3\frac{5}{6}+2\frac{5}{6}=5\frac{10}{6}=6\frac{4}{6}=6\frac{2}{3}$

つかませる。2つの事柄について起こる場合では、2つの視点から、落ちや重なりがないように確率を考える基礎的な考えを持てるだけで十分だろう。

四年生後期——「整数・小数・分数のつながり」をわからせよう

二学期は「小数」からはじまる。小数点の意味、十分の一の位を小数第1位という、足し算と引き算では小数点をそろえる、などをわからせる。整数の計算でも小数点（位）をそろえていたことに気づかせ、数直線を用いて整数の系列と関連づけるといいだろう。

小数も十進位取り記数法にしたがう数なので、小さなほうへ（記数法でいうと右へ）のびることになる。メートル法のしくみでは、単位を細分するときはつねに十等分する。メートルを十等分するとデシメートル、デシメートルを十等分するとセンチメートル、センチメートルを十等分するとミリメートルなのだから、小数第2位や第3位の意味などすぐわかる。

かつては、四年生で小数第2位・第3位の足し算と引き算、小数×整数、小数÷整数までやった。それが可能だったのは、かつては三年生で4ケタの数どうしの足し算と引き算までこなしたからだ。理屈からいうと、4ケタの数どうしの加減ができると、あとは小数点をそろえるだけで、小数第3位どうしの足し算と引き算ができるのは当たり前なのだ。

4ケタの数どうしの足し算と引き算をこなして、くり上がり・くり下がりが自在にできるようにするだけで、小数第2位や第3位の足し算と引き算の力が高まるのだから、チャレンジさせてほしい。標準以上をめざしたいのであれば、そうした努力を惜しむべきではない。

ここからわかるように、小数は足し算と引き算に相性がいい。だが、かけ算とわり算には相性がよくない。かけ算とわり算の複雑さが五年生でのネックになりやすいので、余計に足し算と引き算での能力をしっかりさせておくことが大切になってくるのだ。

つぎの「分数」では、たとえば単位になる長さを1mとし、その1mと?mをともに測れる共通の単位を見つけ、?mを数値で示したものが分数であること。つまり、単位の1mを何等分すると共通単位になるかを示すのが分母で、そのいくつ分をとるかを示すのが分子となることをつかませたい。分母ははじめから決まっているのではなくて、求める量の大きさによって変わるが、そのあたりは計算のしかたを練習しながら少しずつわかっていけばいい。

この分数には、真分数と仮分数、帯分数の三つがある。$\frac{2}{5}$とは、①5等分したものの2つ分の大きさをあらわす、②$\frac{2}{5}\ell$、$\frac{2}{5}$mのように、測定した量の大きさをあらわす、③1を5等分したもの（$\frac{1}{5}$）を単位にした2倍の大きさをあらわす、までが四年生の範囲だ。

そして、五年生では真分数の同分母分数の足し算と引き算をやり、六年生では真分数と仮分数の異分母分数の足し算と引き算、かけ算とわり算をやるだけなので、通常の授業では帯分数の計算のしかたをあつかわないことになる。だが、整数部分がついている帯分数をやると分数がよく身につくという事実があるので、「範囲を超える」練習をさせたほうがいい。

なぜなら、かつての四年生は（私たちも）同分母分数の足し算と引き算までやった。帯分数を仮分数に直す、仮分数を帯分数に直す、もやった。分母と分子を共通の数（公約数）でわって小さくする〝約分〟も、分数の分母をそろえる〝通分〟もやった。そうした計算のしかたを覚えていくうちに、ようやく「分数」というものがわかってきたのだ。

いろいろと説明されるよりも、すぐに足し算や引き算に入ったほうがわかりやすい。余力があるようなら、「範囲を超える」ものに進ませてもかまわないはずだ。

まず〝約分〟では、分数の大きさを変えないで、分母と分子を共通の数（公約数）でわって小さくすることをいう。分母と分子をそれぞれ素数（1とその数自身の2個しか約数をもたない数）と他の数のかけ算の形に分解していくプロセスをわからせること。

つぎの〝通分〟では、それぞれの分母を2倍、3倍、4倍していって、同じ数になったところで、それを分母にする。この新しい分母は、初めの分母の「公倍数（共通の倍数）」になり、いちばん小さい公倍数を探すと計算がラクになることをわからせる（公倍数は六年生の内容）。

また「数量関係」での〝2つの変わる量〟の復習としてサイコロが用いられる。サイコロの平行な面の2つの数を加えると同数になるので、表の数を○、裏の数を△とすると、2つの数の関係は○＋△＝7という式であらわすことができる。ここから、1個30円の商品を買うとき

四年生の算数の急所 2

①最小公倍数と最大公約数を求める（通分と約分）

$\frac{23}{48}$と$\frac{15}{36}$を計算するとき、

③)48, 36
②)16, 12
②) 8, 6
　④, ③

（・さか立ちわり算
六年生の
約分・通分を
参照のこと）

となり、これ以上われない。最小公倍数は③×②×②×④×③＝144となり、

分母をそろえると$\frac{23 \times ③}{48 \times ③} - \frac{15 \times ④}{36 \times ④} = \frac{69}{144} - \frac{60}{144} = \frac{9}{144}$とな

る。また、上記の③×②×②＝12は、48と36の最大公約数

②わり算の文章題

・38人のクラス全員で写真をとった代金が12000円のとき、ひとりが支払う金額はいくらか？

12000÷38＝315　余り30　→　ひとり316円

③「２つの変わる量」を式とグラフにする

・1個30円の品物を買うとき
の代金を求める式は？

30×○＝△

○→個数　△→代金

・サイコロ

おもての数○	1	2	3	4	5	6
うらの数　△	6	5	4	3	2	1

○＋△＝7

④「百ますかけ算」で計算力をアップ！

×	35	42	17	91	24	70	89	63	58	26
5										
2										
7										
1										
4			68							
0										
9										
3								189		
8										
6										

左のますに０から９までの数を任意に入れ、上のますには１の位を同じ順で入れ、10の位に任意の数を入れて左から

の代金を求める式は、30×○＝△になり、○は個数、△は代金をあらわすこともわかる。

四年生の「あともどり練習」――どんどんスピードをアップさせよう

四年生での用語・記号は「和」「差」「積」「商」「整数」「数直線」「小数点」「分母」「分子」「帯分数」「真分数」「仮分数」などだ。三年生の「あともどり練習」を反復させると基礎がしっかりしてくるので、それをさらに上昇させてやりたい。そのポイントは、

①1ケタの数を4つ足す暗算をすばやく
②2ケタの数と1ケタの数の足し算をすばやく
③3ケタの数と3ケタの数の足し算をすばやく
④3ケタの数と3ケタの数の引き算をすばやく
⑤2ケタの数÷1ケタの数をはやく
⑥3ケタの数÷1ケタの数をはやく

などだ。九九と「百ます計算」での足し算、引き算、かけ算も併用させて、スピードアップをめざすこと。また、テストでの失点個所をやり直しさせて「家庭学習ではいつも満点！」で一日を終わらせるクセをつけてやりたい。

高学年では「範囲を超える内容」にまで踏みこませよう

五年生前期――「小数のかけ算とわり算」を得意にさせよう

高学年では、ますます「わかる」と「できる」が分離する傾向が強まるが、同じく計算力をつけることでズレは解消できる。四年生までの整数についての四則計算（加減乗除）の手続き的な力（できる）を伸ばすと、かならず理解する力（わかる）も伸びる。私たちが「あともどり練習」を重視するのは、計算力が身につくと他の領域もラクに乗りきれるからだ。

「数と計算」では$\frac{1}{10}$、$\frac{1}{100}$、小数第2位・第3位、偶数と奇数、小数の乗法・除法（第1位まで）、同分母分数の加減（真分数のみ）、整数・分数・小数の関係、概数（和・差）など。また「量と測定」では面積、平行四辺形、三角形、円など。「図形」では平行・垂直、平行四辺形、ひし形・台形、内角の和、πなど。「数量関係」では四則計算での法則、割合、％、歩合、円グラフ、帯グラフなどをやる。

通常は「整数と小数」からはじまる。整数は偶数と奇数の集合に分けられることを、2でわる操作を通してわからせる。小数では第2位と第3位までを考え、小数点を右へ1ケタ動かすと10倍になり、左へ1ケタ動かすと$\frac{1}{10}$倍になることから、整数どうしの計算にして小数点を移動するといいことに気づかせたい。概数では、第何位を四捨五入するかに注意させる。

つぎの「小数のかけ算」では、ある数に〝1より小さい数をかける〟と数は小さくなることを基本感覚にしておくこと。小数点を移動させて計算してから、正しいところにもどせばいいとわかれば、もう心配はいらない。小数第1位までしかあつかわないとされているが、円周の長さを求めるためにπ（円周率3.14）が出てくるので、小数第2位までやらせたい。

また、少なくとも小数第2位までやらないと、単位をどんどん十等分していく小数の考えかたは理解できないはずだ。くふうしだいで小数の計算はラクになるのだから、余力がある場合は、さらに小数第3位のかけ算にまで踏みこんでおくべきだろう。

小数の足し算の直前に〝1ケタの数を4つ足す〟暗算を二十問ほどやらせると、計算力がアップする。一回を一分ほどで終え、それを三回ほど反復させると目に見えて効果が上がる。

つぎの「小数のわり算」では、〝わる数〟を整数に直すことで〝わられる数〟の単位をくふうし、〝余り〟が出たら、わられる数のもとの位にもどしてやる。たとえば、4.48÷1.4の場合は、4.48を14でわってあとで10倍することを考え、前もって商の小数点を右へ1ケタずらしておき、あとは整数のときと同じ処理をさせればいい。

これは、〝わる数〟と〝わられる数〟を同じ数でわっても、同じ数をかけても商は変わらな

五年生の算数の急所　1

①整数と小数の計算のくふう

・$0.123 \times 10 = 1.23$

$0.123 \times 100 = 12.3$

$0.123 \times 1000 = 123$

$0.123 \times 10000 = 1230$

・240×3000

```
    24|0
 ×  3|000
 ---------
    72|0000
```

・$1600 \div 300 = 5 \cdots 100$

```
         5   …100
 300)1600
     15
    -----
      100
```

・上から２ケタの概数計算

3261×247は

$3261 = 3300$
$247 = 250$

として、

```
    33|00
 ×  25|0
 ---------
   165|
   66  |  ↓
 ---------
   825|000 ←四捨五入
```

<u>答え 830000</u>　<u>約83万</u>

428762÷281は

$428762 = 430000$
$281 = 280$

とする

```
          00
        1535 ←四捨五入
 280)430000
     28
     ---
     150
     140
     ---
      100
       84
      ---
       160
       140
       ---
        20
```

<u>答え約1500</u>

②倍数と約数

2の倍数…2，④，6，⑧…
4の倍数…④，⑧，12…

両方にある倍数④，⑧…を公倍数といい、④を最小公倍数という

6の約数…①，②，3，6
8の約数…①，②，4，8

両方にある①，②を公約数といい、②を最大公約数という

③小数のかけ算とわり算

```
   2.45  ×a        245
 × 3.6   ×b     ×  36
 ------         -----
                 1470
                 735
                -----
                 8820   ÷c
```

$a = 100$
$b = 10$
$c = 1000$

<u>答え 8.82</u>

```
     (×10)
  0.3)26.35   →   3)263.5
     (×10)

         87.8
    3)263.5
      24
      ---
       23
       21
       ---
        25
        24
        ---
         1
```

<u>答え 87.8 余り0.01</u>

いという計算の性質をもとにしたくふうなので、十分にわからせておきたい。

注意したいのは、〝わる数〟が0.5などの場合だ。商が〝わられる数〟よりも大きくなるので、わり算のイメージと合致しなくなる。だが、同じように〝わる数〟の小数点を右へ1ケタずらし、商の小数点も右へ1ケタずらして計算させて、商が増えることをわからせたい。

また、〝余り〟の小数点の位置も迷うところだろう。そんな場合は、最初の小数点の位置を下ろしてつけ、さらに商の大きさが適切かどうかを考えさせる。「わられる数」=「わる数」×「商」+「余り」という式に当てはめ、検算するクセをつけてやるといいだろう。

つぎの「量と測定」では、三角形と平行四辺形、円の面積の求めかたを考え、それを用いて計算する。三角形では、面積=底辺×高さ÷2。平行四辺形では、面積=底辺×高さ。円では、面積=半径×半径×π。このπを3として計算するが、通常の3.14でやる力がほしい。円周=半径×2×πから、中心角と半径の大きさから円周の長さを出すことも習熟させたい。

さらに「図形」では、2つの直線が平行のとき、①2つの直線の幅はどこでも同じ、②1つの直線に垂直に交わっている2つの直線は互いに平行である、をわからせる。

また、「量と測定」とのつながりで、台形の面積=(上底+下底)×高さ÷2、ひし形の面積=対角線×対角線÷2、なども覚えさせたい。三角形の面積が出せると台形やひし形の面積も出せるのはそのとおりだが、一気にまとめて記憶にきざんだほうが効率がいい。

さらに、三角形の内角の和は180度であることを覚えさせたい（証明は中学二年生）。さらには、四角形の内角の和は360度、五角形の内角の和は540度、六角形の内角の和は720度などをクイズ式でやっておくといい。

五年生後期——「仮分数」や「帯分数」にもチャレンジさせよう

まず「分数」では、同分母分数どうしの足し算と引き算をやる前に、整数や小数を分数に直したり、分数を小数であらわしたりする。たとえば、0.14は$\frac{1}{100}$を単位として14のことなので$\frac{14}{100}$であらわす。その逆に、$\frac{2}{3}$のように0.666……となって有限小数ではあらわせない分数もある。また、2つの整数のわり算では4÷5=0.8となって整数にならないものもあるが、それは$\frac{4}{5}$という分数であらわすことができる（商の分数）、などを理解させる。

そして、同分母分数どうしの足し算と引き算をやる。真分数しかやらないことになっているが、分子が分母より大きい「仮分数」や整数部分がついている「帯分数」は少しもむずかしくない。真分数での計算のしかたを覚えたところで、仮分数や帯分数にも進ませたいところだ。

ここでは、四年生の復習からはじめたい。分母と分子を共通の数（公約数）でわって簡単な分数にする〝約分〟のやりかたを覚えて、計算をはやくするには、分子の約数で分母をわってみるくふうをするといいことに気づかせるといい。

つぎの〝通分〟は、分母と分子に同じ数をかけても大きさは変わらない性質から、それぞれの分母を2倍、3倍、4倍……していって、共通の数ができたところで、それを分母にする。この新しい分母は、初めの分母の「公倍数（共通の倍数）」になるが、いちばん小さい公倍数（最小公倍数）にすると数が大きくなりすぎないので計算がスムーズにいく。

その「最小公倍数」がうまく見つからないときは、分母どうしをかけ合わせるといい。その数を共通分母にして計算を進めてから、さらに約分すればいいのだ。いわゆる「さか立ちわり算」（中学生の内容）を利用するとラクなので、ここで覚えさせるといいだろう。

この「約分」と「通分」ができると、すでに難所を乗りきったことになるので、異分母分数の足し算と引き算（六年生の内容）もこなせるはずだ。習熟度別の授業がある場合は、「発展コース」でどんどん先に進むのもいいし、「基礎コース」で弱点を解消するのもいい。ただし、中学受験を考える場合は、塾などでもっと問題量をこなす練習をさせたほうがムリがない。

つぎの「数量関係」では整数の四則計算での法則をまとめ、それが小数でも成り立つことに気づかせ、交換法則や結合法則、分配法則を□や△などを用いてあらわしてみる。

また、割合とは2つの数量を比べ、〝比べる量〟が〝もとになる量〟の何倍にあたるかという関係をいう。たとえば、歩合は基準となる大きさを10とみて、それに対する割合を「割・分・厘・毛」で示す。ところが、百分率（％）は基準とする量の大きさを１００として、それ

五年生の算数の急所 2

①分数の約分と通分

・約分→分子の約数で分母をわってみる

$\frac{2}{4}=\frac{5\div\textcircled{2}}{4\div\textcircled{2}}=\frac{1}{2}$

2と4の公約数は②なので、分子と分母をわっても大きさは同じ

・通分→分母どうしの最小公倍数を見つける

$\frac{3}{4}$, $\frac{5}{6}$

↓

$\frac{3\times\textcircled{3}}{4\times\textcircled{3}}$, $\frac{5\times\textcircled{2}}{6\times\textcircled{2}}$

↓

$\frac{9}{12}$, $\frac{10}{12}$ （⑫は4と6の最小公倍数）

②割合と文章題

割	分	厘	毛
↓	↓	↓	↓
0. 1	2	3	4

$\frac{1}{4}$ =0.25→2割5分→25%

$\frac{1}{8}$ =0.125→1割2分5厘→12.5%

・ある商品を仕入れ値の3割もうけるように定価をつけたが売れないので、定価の3割引いて売った。損の割合は？

仕入れ値を1とすると、もうけは0.3なので、定価の割合は1.3。定価の3割引くので　1.3×（1－0.3）＝0.91

つまり、売値の割合…9割1分　　損の割合…9分

③図形の面積

・平行四辺形の面積

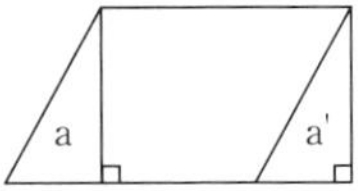

aを切ってa'につけると

面積＝底辺×高さ

・三角形の面積

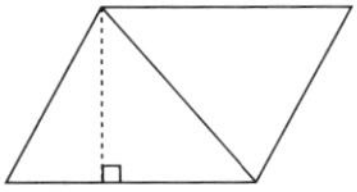

平行四辺形の面積の半分

面積＝底辺×高さ÷2

・台形の面積

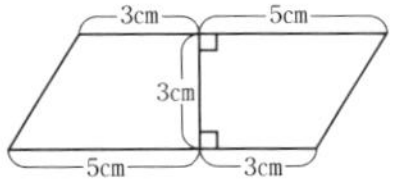

台形を2つ並べると平行四辺形　面積＝（上底×下底）×高さ÷2

・ひし形の面積

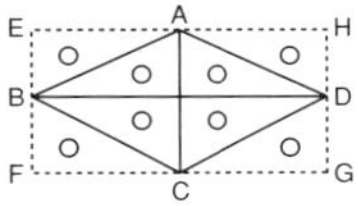

長方形の横とひし形の対角線BDが等しい

面積＝対角線×対角線÷2

に対する割合を25%などとして示す。また、円グラフは10等分、１００等分の目盛りで描く。

最後に「いろいろな文章題」を考えておこう。「速さ」の問題は授業でもやるし、私立中学入試でもよく出題される。①速さ＝進んだ道のり÷かかった時間、の公式をもとに、②かかった時間＝進んだ道のり÷速さ、③進んだ道のり＝速さ×かかった時間、の三つを用いる。

たとえば、Ａさんは１分間に90ｍの速さで歩き、Ｂさんは１分間に80ｍの速さで歩く。まずＡさんがＢさんの２００ｍあとを歩いていくと、何分後に追いつくか、という問題を考える。ＡさんとＢさんの速さの差は１分間に10ｍであること、つまり〝１分間に10ｍの速さ〟で追いついていくと、何分で二人の差の２００ｍを歩くことができるかが問われているので、答えは20分となる。

五年生の「あともどり練習」——「検算」には電卓を使って時間を節約させよう

五年生での用語・記号は「平行」「垂直」「対角線」「%」などだ。計算に「つまずき」を感じるようなら、「三年生と四年生のあともどり練習」を中心にがんばらせてみること。かけ算では足し算練習が、わり算では引き算練習がすごく有効になる。それに加えて、

①１ケタの数を５つ足す暗算をすばやく

②積み木式の足し算と引き算をはやくやる

③2ケタの数÷1ケタの数で、くり下がりと余りの出るものをすばやく
④通分での最小公倍数を求める「さか立ちわり算」をすばやく
などのほか、「百ますかけ算」では2ケタの数×1ケタの数をやらせるといい。答え合わせに電卓を使ってもかまわないので、時間を計ってがんがん練習させたい。また、テストでの失点個所をやり直したあとは、それの類似問題にぶつからせて解答パターンをつかませる。

六年生前期――応用力をつけて文章題の種類に慣れさせよう

まず「数と計算」では、整数の性質、倍数・約数、最小公倍数・最大公約数、約分・通分、概数（積・商）、異分母分数の加減（真分数のみ）、分数の乗法・除法などをやる。

また、「量と測定」では体積、面積の概測、単位あたりの量など。「図形」では立体、直方体・立方体、角柱と円柱（見取り図のみ）、「数量関係」では比、比例、平均などをやる。

整数の性質での「倍数」とは、たとえば8の倍数は「8、16、24、32、……」であり、12の倍数は「12、24、36、……」となる。これから、8と12の公倍数は「24、48、……」となり、その最小公倍数は24であることがわかる。

また、ある数をわりきることができる数をその数の〝約数〟という。たとえば、8の約数は「1、2、4、8」であり、12の約数は「1、2、3、4、6、12」である。これから、8と

12の公約数は「1、2、4」となるので、最大公約数は4であることがわかる。

この「最小公倍数」と「最大公約数」は分数の約分・通分に用いられるほかに、文章題としてもよく出題される。A町行きのバスが6分おき、B町行きのバスが8分おきに出るとき、いま2台が同時に発車すると、つぎに同時に発車するのは何分後か？　という問題では、AとBの発車間隔の6と8の最小公倍数は24であることから、「24分後」が答えになる。

また、リンゴ36個とミカン48個を子供たちに等しく分け、余りが出ないようにするには、その子供たちが何人のときか、すべて答えなさい、という問題では、36と48の約数を出して「1人、2人、3人、4人、6人、12人」が答えになる。

つぎの「約分・通分」では、分数には同じ大きさの数のあらわしかたがいくつもあるが、そこから分母の小さいものをとり出すことを「約分」といい、その分母を共通な数にそろえることを「通分」という。これがクリアできていると、異分母分数の足し算と引き算について迷うことはないので、あとは問題の量をこなしながら、仮分数と帯分数にも強くなってしまいたい。

つぎの「分数のかけ算」では、分母どうし、分子どうしをかける。「わかりたい！」という気持ちを押さえて、すぐに計算させてみる。仮分数も同じやりかたでいいが、帯分数は仮分数に直してから、分母どうし、分子どうしをかける。こうして「できる」にしておいてから、「1あたり量」「いくつ分」「全体量」などの図式で、少しずつ「わかる」を仕上げるといい。

六年生の算数の急所　1

①分数の応用

$0.1=\frac{1}{10}$　$0.01=\frac{1}{100}$

$1分=\frac{1}{60}時間$　$1秒=\frac{1}{60}分$

$\frac{1}{3}時間=60\times\frac{1}{3}$（分）

$1度=\frac{1}{90}直角$

$\frac{1}{3}直角=90\times\frac{1}{3}$（度）

・Aさんは庭の$\frac{1}{5}$の草をとり、Bさんは残りの$\frac{1}{3}$をとった。2人でどれだけとったか？

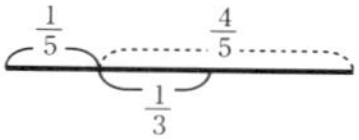

$\frac{1}{5}+(\frac{4}{5}\times\frac{1}{3})=\frac{1}{5}+\frac{4}{15}$

$=\frac{7}{15}$　答え $\frac{7}{15}$

②計算のきまりとくふう

・交換法則

$\begin{cases} a+b=b+a \\ a\times b=b\times a \end{cases}$

・結合法則

$\begin{cases} (a+b)+c=a+(b+c) \\ (a\times b)\times c=a\times(b\times c) \end{cases}$

・分配法則

$\begin{cases} (a+b)c=a\times c+b\times c \\ (a-b)\times c=a\times c-b\times c \end{cases}$

③比と比の値

・小数の比

0.5：1.5

↓

5：15

1：3

・分数の比

$\frac{2}{5}:\frac{1}{4}$

通分すると $\frac{8}{20}:\frac{5}{20}$

なので　8：5

・比の値

$2:3=2\div3=\frac{2}{3}$

$\frac{比べる数(2)}{もとになる数(3)}$

※もとになる数を1とすると比べる数は$\frac{2}{3}$

④比の利用

・リンゴ48個をA,B,Cに5：4：3で分けると？

48÷（5＋4＋3）＝4

A＝5×4＝20

B＝4×4＝16

C＝3×4＝12

答え　A20個,B16個,C12個

・周囲80m、縦横の比が3：5の長方形の面積は？

40÷（3＋5）＝5

縦＝3×5＝15m

横＝5×5＝25m

15m×25m＝375㎡

答え　375㎡

また「分数のわり算」では、わるほう（除数）の分母と分子をひっくり返してかける。除数の分母を被除数の分子にかけ、除数の分子を被除数の分母にかけることになる。ここでも帯分数は仮分数に直してからやる。この方法をかつては「ザルかけ法」と呼んだ。水仕事でのザルを使い終わると、クルッとひっくり返してクギなどにかけたことによるらしい。

つぎは「分数の応用」を考えておきたい。時間を分数であらわすときは、1時間＝60分をもとにして、時間・分・秒の計算をラクにするくふうをさせたい。角度では、1直角＝90度をもとに、分数であらわすときは〝もとの数や量を1とする〟という原則を守らせる。

また「量と測定」では、立方体と直方体の面積の求めかたを学ぶ。直方体は見取り図をもとに〝6つの長方形で囲んでできる形〟であることをつかみ、直方体の体積＝タテ×ヨコ×高さの公式をわかること。立方体は展開図をもとに〝6つの正方形で囲んでできる形〟であること、一辺が10㎝の立方体の体積が1リットルであること、などをわからせたい。

ここでの知識を「図形」につなげ、角柱と円柱をわからせる。授業では見取り図しかやらないが、角柱の底面や側面の性質、それぞれの角柱の〝頂点・辺・面の数〟を求める式にまで踏みこんでおきたい。円柱は、底面と平行な面で切ると、切り口は同じ大きさの円になる。底面に垂直な面で切ると、切り口は正方形か長方形になる。これらは私立中学入試によく出題されるので、チャレンジしておかないと不安は解消されない。

また、角錐《すい》や円錐《すい》も「範囲を超える」ものになるが、角錐を底面に平行な面で切ると、切り口は底面より小さい正多角形になる。頂点をふくみ、底面に垂直な面で切ると、切り口は二等辺三角形か正三角形になる、などにもなじんでおきたい。さらに、円錐を底面に平行な面で切ると、切り口は底面より小さい円になる。頂点をふくみ、底面に垂直な面で切ると、切り口は二等辺三角形か正三角形になる、なども知っておいて損はないだろう。

かつては五年生でやった「円と正多角形」（平面図形）もよく出題されるので、円周率・おうぎ形・中心角などを中心に考えておきたい。円のなかに、円周にそれぞれの頂点がくる正三角形・正四角形・正五角形・正六角形をかくと、まず円周を3つの等しい長さに分ける正三角形において、3つの頂点と円の中心を結ぶ線（円の半径）は中心角を3つの等しい角に分け、その1つの角は120度になる。

同じく、正四角形は1つの角が90度、正五角形は1つの角が72度、正六角形は1つの角が60度になる。また、正六角形では、となり合わせの6つの頂点を線で結ぶと、6つの正三角形ができている、などをわからせること。

六年生後期――いろいろな「文章題のパターン」をつかませよう

ここは「数量関係」での「比」が大事になる。1対3を1：3であらわし、〝1と3の比〟あるいは〝1の3に対する比〟という。〝比べる数〟は前項の1、〝もとになる数〟は後項の3。比は多種類の対象の分布の状態を示すためのものなので、量あるいは数値を並べる。入力が増えるにつれて出力が増えることを正比例といい、$y=ax$の式（中学生の内容）であらわす。だが、入力が増えるにつれて出力が減る反比例は中学に移行された（反比例は中学入試でもまれにしか出題されない）。

正比例では〝対応〟の意味をはっきりさせたい。たとえば、1分間に2㎞の速さで走る車があるとき、この車の〝走る時間をx分〟とし、〝時間に対応する距離をy㎞〟とすると、距離=1分間に走る距離×走る時間なので、$y=2x$の式であらわすことができる。さらには、$x:y=1:2$の比であること、この比例式での〝xと2〟を外項、〝yと1〟を内項といい、外項の積と内項の積は等しい性質がある（中学生の内容）、などをわからせたい。

さらに、タテ軸をy、ヨコ軸をxであらわすと、xとyの対応をあらわすグラフは直線になり、かならずy軸とx軸の交わる点0（原点）を通ることもわからせる。

また、比例式の〝もとになる数〟を1としたときの〝比べる数〟のことを「比の値」といい、分数または小数で求め、単位はない。比の前項と後項を同じ数でわってもかけても比の値は変わらないことから、小数や分数の比を整数の比に直すこともできる。さらに、分数の比は通分することによって、分子の数の大きさであらわすこともできる（ただし、比の値は範囲外）。

六年生の算数の急所 2

①文章題の解きかた

・500円を分けるのにAにはBより80円少なく、BにはCより70円少なくすると、それぞれは？

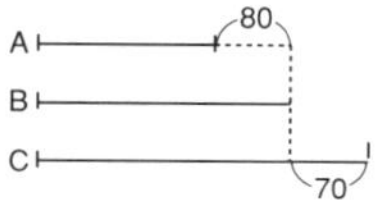

500
＝(B－80)＋B＋(B＋70)
＝3B－10

A90円,B170円,C240円

・1個50円の菓子と、80円の菓子を合わせて10個買って代金620円払ったときそれぞれは何個？

50円の菓子を10個買うと500円。
620－500＝120
120÷（80－50）＝4

50円の菓子 6個
80円の菓子 4個

②速さ（出会いの速さ＝2人の速さの和：追い越し＝速さの差）

・A君が分速60m、B君が分速80m。2人が同じ場所から同時に反対方向に進むとき、(1) 2人の距離が1540m離れるのは何分後？ (2) 出発後20分してB君がいままでと反対方向へA君を追いかけて分速160mで走り出した。B君がA君に追いつくのは出発してから何分後？　（旅人算）

(1) 2人の距離は毎分60＋80＝140(m)の割合で離れるので、
1540÷140＝11　答え 11分後

(2) 反対方向へ20分進んだとき、2人の距離は、
140×20＝2800(m)。B君が分速160mでA君を追いかけると2人の距離は、毎分（160－60)＝100(m）の割合で近づくので、2800÷100＝28（分）で追いつく。

ゆえに、20＋28＝48（分）　答え 48分後

・時速90kmで走る長さ120mの列車が、(1)長さ380mの鉄橋を渡りはじめてから、渡り終わるまでは何秒？ (2) 列車がトンネルに入りはじめてから全部出るまで40秒かかったが、このトンネルの長さは？　（通過算）

(1) 時速90km＝秒速25m（秒速＝時速÷60÷60）なので、
（380＋120）÷25＝20（秒）　答え 20秒

(2) トンネルと列車の長さの和は、25×40＝1000（m）
トンネルの長さは1000－120＝880（m）　答え 880m

この比での文章題では、比をつくる問題がある。たとえば、大人2人でする仕事を、子供が3人でするとき、人数の比は2：3だが、仕事の量の比は$\frac{1}{2}$：$\frac{1}{3}$＝3：2になる。比に分ける問題では、たとえば、ある三角形の内角の比が2：3：4のときのそれぞれの角は何度かを求めるには、内角の和は180度なので、2＋3＋4＝9であることから、全体の180を9でわると20度が1にあたるので、2×20：3×20：4×20でそれぞれの角度は、40°：60°：80°となる。

ここでは「平均」という考えかたも大事になる。速さとのつながりで、秒速×60＝分速、分速×60＝時速、などの関係を押さえさせればいいだろう。

また「量と測定」では、単位あたりの量と速さをやる。速さや人口密度などは、異なった2つの量の割合の組み合わせでなければとらえられない。人口密度は人口と面積、速さは時間と長さという2つの量が関係してくる。とくに速さはよくやっておきたい。速さは時間を単位量としてそろえるのがふつうだが、短距離走などでは長さをそろえて、時間を速さで比べる。

五年生での公式をもとに（速さ＝進んだ道のり÷かかった時間）、いろいろな文章題にぶつからせたい。

最後に「いろいろな文章題」を考えておきたい。国立や私立中学の入試にひんぱんに出題されるのは「速さ」だ。速さのグラフの読みとり（ダイアグラム）、速さと比、旅人算、グラフと旅人算、通過算、流水算、時計算、図形上の移動とグラフ、2つの量の関係とグラフ、水量の変化とグラフ、統計とグラフ、などがその領域にふくまれる。

ほかには、植木算、和差算、差集算、分配算、やりとり算、倍数算、年齢算、仕事算、帰一（のべ）算、相当算、還元算、過不足算、消去算、つるかめ算、方陣算、集合算、などだ。

これらは文章題を線分図などに描いて、一歩ずつ考えを煮つめていくしか方法はない。いろいろな問題にぶつかり、そのなかで解きかたのパターンをつかめばいいだろう。こなした問題量がモノをいうので、中学入試問題集などをこなして力をつけてほしい。以下では、ごく初歩的な典型問題をとり上げることにする。

まず〝図にかいて差や比を求める〟パターンでは、たとえば「AがBより１００円多く持っていて、いまBからAへ１５０円やると、Aの所持金が2倍になるとき、AとBは初めにそれぞれいくら持っていたか?」という問題だ。

AがBより１００円多い線分図を描き、つぎにBから１５０円とってAに足す。するとAは(B+100+150)の長さであらわされ、(B−150)のちょうど2倍になる。つまり、B+250=(B−150)×2となり、B=５５０円、A=６５０円と答えることができる。

つぎは「もしも……だったら」と考えるパターンで、たとえば「Aさんが7.2㎞離れたBさんの家へ１時間で行かなければならないとき、Aさんの歩く速さが分速で80m、かけ足の速さが分速１４０ｍだとすると、何分間歩いて、何分間かけ足すればいいか?」という問題になる。

もしも全部歩いたら、80m（分速）×60分から、4.8km進む。だが、まだ2.4km残っている。

そこで、もしも1分だけかけ足すると、歩くのは59分になるので、歩いて進むのは4720m。それにかけ足の140m×1分＝140mを足すので、合わせて4860m進むことになる。つまり、1分かけ足しただけで60m多く進むことができる。

60分を歩いただけでは2.4km残るのだから、その2.4kmはかけ足して1分間に60mずつ多く進まないといけないことがわかる。そこで2.4km÷60mを計算すると、40分はかけ足をして、残りの20分を歩けばいい、と答えることができる。

つぎは「前と変わったところ」に目をつけるパターンで、たとえば「ノート3冊と鉛筆7本の合計代金が1170円。ノート1冊と鉛筆1本の代金が230円のとき、ノート1冊の値段はいくら？」という問題だ。

ノート3冊と鉛筆3本買ったとすると、230×3＝690となり、1170円と690円の差の480円は、鉛筆7本と3本の差、つまり鉛筆4本の代金であることがわかる。そこから1本が120円であることがわかるので、ノートは230円－120円から、110円と答えられる。

つぎは「場合に分ける」パターンで、たとえば「0、1、2、3の4枚のカードを並べてできる4ケタの数は、全部で何通りあるか？」という問題だ。

まず、0が千の位にくることはないのではぶく。つぎに1について場合に分けてみると、6

通りであることがわかり、それを3倍して18通り、と答えることができる。

また、野球などのトーナメント戦では、勝ち残ったチームどうしが試合を進めていくやりかたなので、6チームが参加すると5試合になる。それに対して、どのチームとも1回ずつ試合をする総あたり戦では、全部で15試合になる。

六年生の「あともどり練習」——力強い計算力が道をひらく

六年生での用語・記号は「最大公約数」「最小公倍数」「約分」「通分」「平面」「底面」「側面」などだ。ときには「三、四年生でのあともどり練習」をとり入れながら、毎日かならず計算トレーニングをやらせてもらいたい。中学年レベルにもどることは恥ずかしいことでも何でもない。自分のために、自分でやり抜く。そうした強い精神力を育ててやってほしい。

私立や国立中学をめざす場合は、範囲を超えたものへの計算力をつけておくこと。どんな難問でも、「解きかたのパターン」をつかめばこわくない。すべてを計算に持ちこんで、力づくで正答してみせればいいのだ。ここでは、文章題についてのポイントを加えておく。

①〝図に描く〟が決め手になるかどうかをすばやく判断する
②〝もしも〟という仮定があるかどうかを判断する
③〝前と変わったところ〟に注目する

④〝場合にわける〟ものは樹形図にする

⑤〝速さ〟では、比べるものをすばやく読みとる

などだが、文章題はとにかく量をこなすことがカギになる。あともどり練習をしてから解くようにすると、集中力がアップする。一日休むと、そのぶんだけ計算力は落ちる。

以上で算数は終わりだが、私たちがとり上げたのはあくまでも基礎的なものであることを忘れないでほしい。だが、算数はどこまでも基礎にしばられる。基礎とは数式をあつかううえでの約束ごとでもあるのだから、それをクリアさせてやらないと展望はひらけない。

また、たしかな計算力を身につけるために「範囲を超えた」ものにも挑戦させること。もっと発展的なものも考えてみたかったが、それを発見するのは子供たちの課題でもある。私たちの助言をもとに、豊かな学力をめざして、着実に歩んでいってほしい。

第4章

社会は好奇心をもとに知識の幅を広げさせよう

五年生では「わが国の産業と国土」の特色をつかませよう

三・四年生では「地域社会」への目を開かせよう

一、二年生での生活科は、地域に根ざし、子供たちの生活に根ざした教科だ。その生活圏に暮らす人々、社会、自然が学習の対象や場になり、子供たちがそれらを自分とのかかわりでとらえることを大切にする。地域の環境や生活のありかたはさまざまなので、学習内容に子供たちの生活体験に応じたくふうがこらされ、知的な気づきが高まるように配慮される。

2学年のまとまりとして、①学校と生活、②家庭と生活、③地域と生活、④公共物や公共施設の利用、⑤季節の変化と生活、⑥自然や物を使った遊び、⑦動植物の飼育・栽培、⑧自分の成長、などの八項目が示され、子供たちの、出会う、見る、ふれる、遊ぶなどの活動を通して、自分から積極的に対象となるものに目を開いていくことが期待されている。

三年生から①〜④などが社会科に、⑤〜⑦などが理科に分かれるが、生活科はその素地をつくる教科なので、いろいろな体験をさせることがカギになる。雪が降った、台風がきた、電車に乗った、買い物をした、などを通して自分と社会や自然とのかかわりに関心を持たせ、必要な習慣や技能を身につけさせながら、自立への基礎を養うように仕向けてやりたい。

一、二年生のころは体験するだけで十分だったが、三年生の社会科からは「なぜ？」を考えながら、その系統ごとの理解を深めていくことが大事になってくる。三年生と四年生の内容も2学年のまとまりで示され、「地域社会」に関する六つの項目をあつかうが、見学と観察が学習のしかたの中心になるので、生活科と同じように自分で気づくことが決め手になる。

①身近な地域や市（区、町、村）の特色、②生産や販売など、③公共事業など、④安全を守る機関など、⑤生活の移り変わり、⑥県（都、道、府）の特色、などだ。

まず①の「身近な地域や市（区、町、村）の特色」では、地形のようす、土地の使われかた、市街地の広がり、おもな公共施設のある場所、交通のようすなど、子供たちがじかに観察できる範囲内のものについて絵地図にし、それをもとに平面地図（白地図）にあらわす。方位や地図記号を理解しながら、土地の高低や川の流れかたなどに気をつけさせる。

②の「生産や販売など」では、地域の農作物や工業製品などの生産面と、商店などの販売面を調査したりする。また、農作物の生産を高めるためのくふうや、販売での商品のそろえかたのくふうなどを考え、それらが自分たちの生活を支えていることを理解する。

③の「公共事業など」では、飲料水や電気・ガスの確保、廃棄物の処理などを見学して人々の生活とのつながりを考え、これらの対策や事業は計画的であることをつかむ。

④の「安全を守る機関など」では、災害や事故から人々の安全を守るくふうについて、消防署や警察署などを見学して考える。災害については、火災や風水害、地震などから一つを選び、関係する機関どうしの連絡などをつかむ。事故では交通事故と盗難をとりあげ、警察署を中心にした活動を調べ、そこで働く人々のくふうや努力を考える。

⑤の「生活の移り変わり」では、古くから残る暮らしの道具などを調べ、人々の生活がどのように変わってきたかを考える。また、文化財や年中行事を調べて地域の人々の願いを考え、地域の発展につくした先人の働きや苦心について知るようにする。

⑥の「県（都、道、府）の特色」では、その地理的な位置、地形や産業のありかた、人々の生活のようす、国内の他地域や外国とのかかわり、などを調べる。また、伝統的な技術を生かした工業などの地場産業について調べ、郷土への誇りや愛情を持つようにさせる。

五・六年生――「産業と国土」から「歴史・政治・国際理解」へ

こうして「地域社会の社会的事象」を終えると、五年生では「わが国の産業や国土」へと視野を広げ、わが国全体のありかたをつかむ。そして、六年生では「わが国の歴史」「わが国の政治の働き」「世界のなかの日本の役割」の三項目でさらに内容を深め、世界の人々と共生していこうとする自覚を育てながら、小学校のすべての課程を終える。

要するに、五年生と六年生の段階で学習目標が達成されるようにカリキュラムされているので、以下ではそこに焦点をしぼる。ただし、三、四年生での観察や調査によって育てた「考える力」が素地になるので、つねに「学びかた」や「調べかた」にこだわることが大切になる。

社会科での勉強の急所は「ある資料から何を読みとるか」にある。たとえば、各種のグラフから〝ちがい〟を見つけ、それが場所的なものか、季節によるものか、時間による変化なのか、それとも国際的な関係によるものか、などに注目する。こうした視点は「調べかた」の学習によって身につけてきているはずなので、小さな差異を見落とさないことがカギになる。

また、つねに地図で地形や地名などをたしかめ、略図が描ける力をつけておく。歴史年表を読みこんで、出来事の前後のつながりをつかむ力をつける。テレビや新聞などのニュースから最新の情報を仕入れて、いまの学習内容と結びつける、などの作業も大事になってくる。

勉強は勉強としてしっかりこなす一方で、生活のなかで見たり聞いたりした情報を加えていく。そうしてはじめて、教科書などから得た知識が本物に育っていくのだ。以下では、まず五年生でのポイントから考えていこう。

わが国の農業や水産業——自給率の低下と輸入の増加

ここでは、①食料生産と国民の食生活、②食料生産物の分布と土地利用、③人々のくふうと生産地と消費地を結ぶ運輸の働き、などを勉強する。

①の「食料生産と国民の食生活」では、主食の米のほかに、野菜、果実、畜産物、水産物などが食生活を支えていること、外国からの輸入に依存するものが増えていること、この二点を学校給食の献立などを手がかりにして考える。

米の消費量が減り、食料（糧）の総合自給率も低下して輸入が増えてきているが、農産物の最大の輸入相手国はアメリカ合衆国であること。わが国では昔から米が主食だったが、それは温暖で雨の多い気候が米づくりに向いていたことによる。イネの品種改良などの農業技術の進歩によって、寒冷地の東北や北海道、北陸地方などが米どころとなった、などを押さえさせる。

そのほか、日本の米倉《こめぐら》、米の単作地帯、一毛作と二毛作、冷害、わせ（早稲）、早場米《はやばまい》、生産調整（減反政策＝転作、休耕など）、自主流通米と特別栽培米、米の輸入自由化、備蓄米《びちくまい》、集約農業、発展途上国、食糧援助、などの用語をマークさせよう。

世界で米の生産が多いのは、アジアの東部と南部の高温多湿なモンスーン地帯で、中国、インド、インドネシア、バングラデシュ、タイ、ベトナムなど。

②の「食料生産物の分布と土地利用」では、米以外の農産物や畜産物、水産物などに注目しながら、自然環境とのかかわりを考える。また、トラック便などによる産地直送がブームになったことで、従来の産地のありかたに変化が見られるようになったこともマークしておく。

五年生の社会の急所１

①食糧自給率の推移・増える農作物の輸入

＊食糧自給率

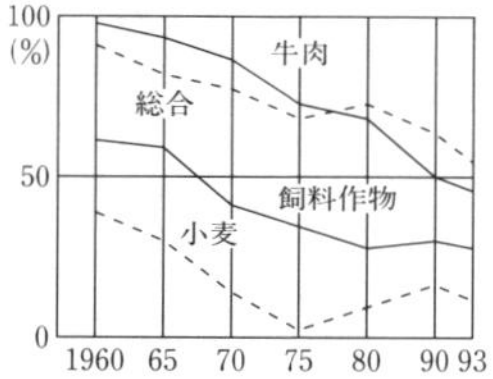

＊主な農産物の輸入量

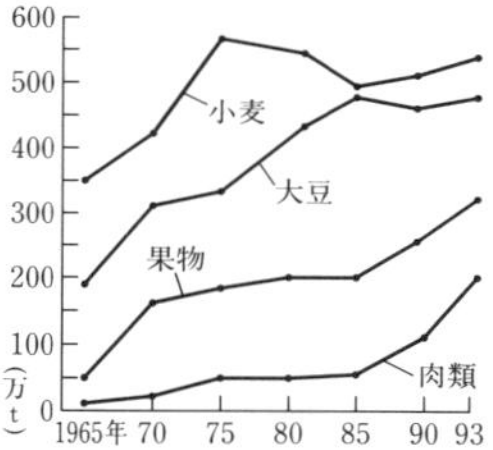

②農産物の産地

農産物	都道府県別生産割合（%）		
らっかせい	千　葉 66	茨　城 14	宮　崎 3
じゃがいも	北海道 76	長　崎 4	鹿児島 2
さつまいも	鹿児島 33	茨　城 16	千　葉 16
ピーマン	宮　崎 26	高　知 15	茨　城 15
レタス	長　野 33	茨　城 12	香　川 7
茶	静　岡 50	鹿児島 16	三　重 7

③水産業の移り変わり

＊水産物の輸入

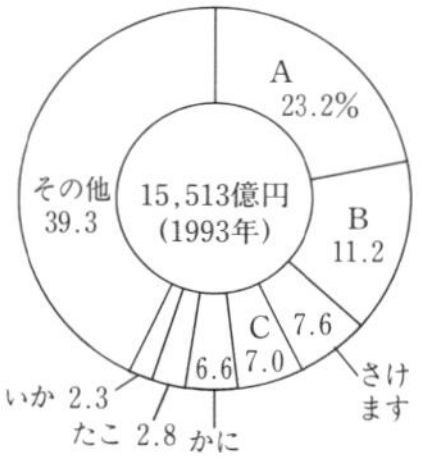

A→えび　B→まぐろ
C→うなぎ

＊漁業別生産量の変化

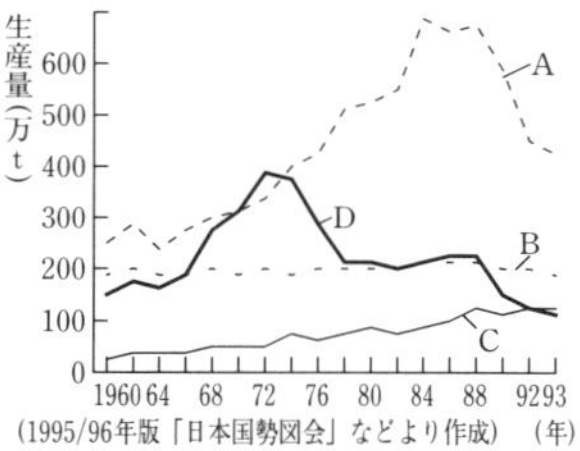

（1995/96年版「日本国勢図会」などより作成）

A→沖合漁業　B→沿岸漁業
C→養 殖 業　D→遠洋漁業

サツマイモは九州地方が生産高の半分近くをしめるが、近年は全国各地での新種栽培がさかん。ジャガイモは北海道や東北地方などが多いが、これも新しい産地が登場してきている。

小麦やトウモロコシ、果実、肉類の国内生産高も減りつづけ、その輸入相手国はアメリカ合衆国、中国、カナダ、オーストラリアなどとなっている。大豆も国内での生産量は少なく、アメリカや中国からの輸入に依存している。

野菜づくりには、近郊《きんこう》野菜と遠郊《えんこう》野菜がある。遠郊野菜は、輸送方法の発達により、早づくり（促成《そくせい》栽培）や遅づくり（抑制《よくせい》栽培）などで生産が伸びている。また、季節差を利用した南半球の諸国からの輸入も増えてきている。ビニルハウス、輸入野菜、豊作貧乏、農産物の輸入制限（セーフガード）、などの用語をマークさせる。

果実では、リンゴやミカン、ブドウなどの国内生産高や、国内での草花づくりの産地もつかませる。バナナ、グレープフルーツ、オレンジ、キウイなどの輸入果実の順位も大事だ。

畜産物では、牛、ブタ、ニワトリを中心にまとめる。乳用牛は北海道が多く、肉用牛は南九州に多い。ブタは鹿児島のほか、茨城、宮崎、群馬などが上位。卵用ニワトリは愛知、鹿児島、千葉などが上位。食用ブロイラーは宮崎、鹿児島、岩手などが上位。また、牛の感染症や、アメリカやオーストラリアからの食肉の輸入なども考えておきたい。

水産業では、わが国の漁獲高はかつて世界一だったが、近年は低下していること。おもな漁港と漁場、漁業の種類、いろいろな漁法、グルメブームなどを整理させる。

わが国は近海に寒流と暖流が流れ、潮目《しおめ》ができ、プランクトンがよく育つ。三陸沖から房総半島沖にかけては世界四大漁場の一つ。ほかには、三陸漁場、西部太平洋漁場、東シナ海漁場、日本海漁場、北洋漁場、南方漁場などがある。また、インドマグロのインド洋、クロマグロの南氷洋漁場などがあるが、自然保護をめぐって国際的な紛争のもとにもなっている。

漁業の種類は、遠洋漁業、沖合漁業、沿岸漁業、海面養殖《かいめんようしょく》業、内水面《ないすいめん》漁業、養殖業など。漁法は、トロール網、地引網《じびきあみ》、はえなわ、魚群探知機、などを整理させる。

③の「人々のくふうと生産地と消費地を結ぶ運輸の働き」では、品種改良、肥料と農薬、自然の災害、かんがいと土地改良、獲る漁業から育てる漁業へ、生産地と消費地を結ぶ運輸の働きなど。安全な食卓について考えさせ、無農薬や有機《ゆうき》栽培、遺伝子《いでんし》改良作物などを整理させる。自然の災害は、風水害、冷害、干害、しもの害など。土地改良は、荒地の開こん、干拓《かんたく》、湿地の排水、耕地整理などだが、耕地の拡大が見直されはじめたことに注意させたい。トラック便の発達などで、生産地と消費地が近くなったことも見逃せない。

わが国の工業生産——少ない資源のために加工貿易が主流

ここでは、①さまざまな工業製品、②工業生産や工業地帯の分布、③人々のくふうと工業生産を支える貿易と運輸の働き、などを学習する。わが国には工業資源が少ないことをつかませ、原材料を加工し、生活や産業に役立つ製品をつくる工業の重要さを整理させたい。

①の「さまざまな工業製品」では、金属工業、機械工業、石油化学工業、食料品工業、繊維工業などに分けて考える。金属工業の中心になる鉄鋼業では、原料の鉄鋼石や粗鋼などは輸入にたよっている、鉄鉱石の輸入相手国はオーストラリア、ブラジル、インドなど、鉄鋼の輸出相手国はアメリカ、中国、韓国、台湾などであることをつかませる。

機械工業では、自動車産業が大事だ。わが国の自動車生産台数は世界でも有数だが、近年は輸出相手国内での生産が増えている。石油化学工業では、原料の原油はほとんどが輸入であること、石油化学センターを中心にコンビナートをつくっていること、などをつかませる。

食料品工業では、レンジの普及などにより加工食品が急増している。繊維《せんい》工業では、国内産業の不振と海外（中国など）への工場進出が増えている、などをまとめさせる。

②の「工業生産や工業地帯の分布」では、四大工業地帯、新しい工業地帯、中小企業の役割などを考える。〝京浜《けいひん》〟〝中京《ちゅうきょう》〟〝阪神《はんしん》〟〝北九州《きたきゅうしゅう》〟の四つの工業地帯を押さえさせ、明治初めの官営工場→大正期に化学工業がさかん→昭和期に重工業が軽工業を上回る→戦後の重化学工業の発達という歴史もわからせ、製品出荷額の推移をグラフで整理させたい。

新しい工業地帯では、太平洋ベルトにそった〝京葉《けいよう》〟〝東海《とうかい》〟〝瀬戸内《せとうち》〟などだが、近年の産業構造の変化にともなって、地方部では期待どおりの成長がむずかしいことを理解させる。

また、わが国の工場のほとんどが中小企業であること、その構造のひずみから景気の動向に左右されやすく、下請《したう》けの苦しさをぬぐえないこと、などもつかませたい。

③の「人々のくふうと工業生産を支える貿易と運輸の働き」では、輸入による原材料の確保、新しい技術の開発、環境保全へのとり組み、運輸の働き、などを考える。

わが国の貿易は〝加工貿易〟が特色だが、おもな輸出品目、おもな輸出相手国をつかませ、これから比重を増すはずの中国との関係を整理させたい。貨物輸送はトラックが主力になったが、海外との関係では航空機によるものが増えている。ＩＴ関連産業での輸出入や、グルメブームによる高級食材の輸送などがそれを加速させていることに注目させたい。

わが国の通信などの産業――急速に発達する通信網

ここでは、①放送、通信、電信電話産業と国民生活、②人々のくふうや努力、などだ。まず①の「放送、通信、電信電話産業と国民生活」では、新聞やテレビ、ラジオなどから発信される情報について考え、それらは生活にさまざまな影響をもたらしていることをつかませる。

また、インターネットを使いながら、相手のことを考えて情報を発信する、発信した情報に責任を持つ、などに気づかせることも大事になる。

②の「人々のくふうや努力」では、放送局や新聞社を見学したり、ビデオなどの教材を活用したりして、そこに従事する人々がさまざまなくふうや努力をしながら、情報を発信していることをつかませたい。

わが国の国土の自然などのようす——周囲を海に囲まれ南北に長い

ここでは、①地形や気候などと地域の生活、②公害と健康や環境の保護、③国土の保全と水資源、などを勉強する。地図帳を活用したり、白地図にまとめたりしながら、国土の環境が人々の生活や産業と密接なつながりを持っていることを考えさせること。

まず①の「地形や気候などと地域の生活」では、日本の位置と面積、山地・山脈と火山帯、平野と川、海岸と海流、各地の気候、近隣諸国の国名と位置、などがポイントだ。

日本の領土は、東の端→南鳥島《みなみとりしま》（東京都）、西の端→与那国島《よなぐにじま》（沖縄県）、南の端→沖《おき》ノ鳥島《とりしま》（東京都）、北の端→択捉島《えとろふとう》（北海道）となっているが、北方四島（歯舞《はぼまい》諸島・国後《くなしり》島・色丹《しこたん》島・択捉島）の帰属はロシアとの協議にまだ決着がついていない。

また、火山帯が走っていることや地殻《ちかく》変動のために地震や火山の噴火がよく起こり、その被害は小さくない。大平野は少なく、海岸にそって平野が広がる。山間部には盆地が多い。川幅がせまくて急流が多いため、土砂の流出は多いが、その利点は水力発電に生かされてきた。

五年生の社会の急所2

④工業製品出荷額の移り変わり

・工業製品出荷額

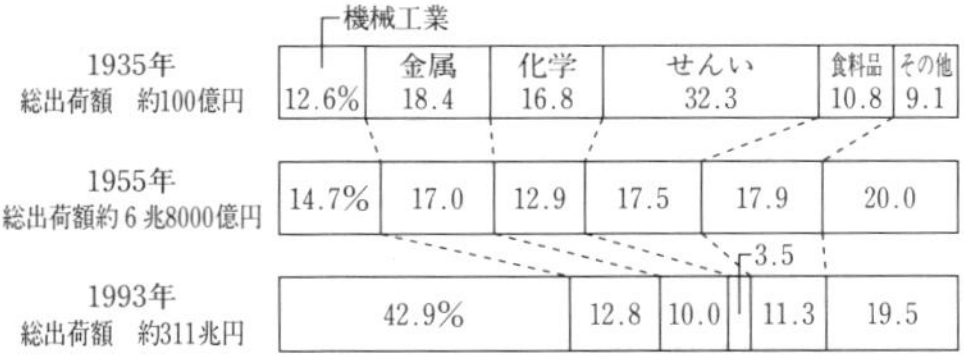

(平成5年版「工業統計表」)

⑤おもな工業原料の輸入の割合

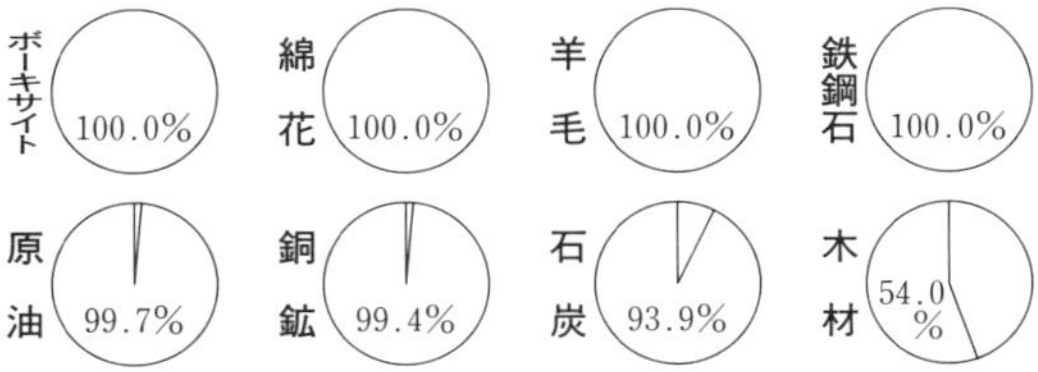

(1994年通商産業省調べ)

⑥日本の気候

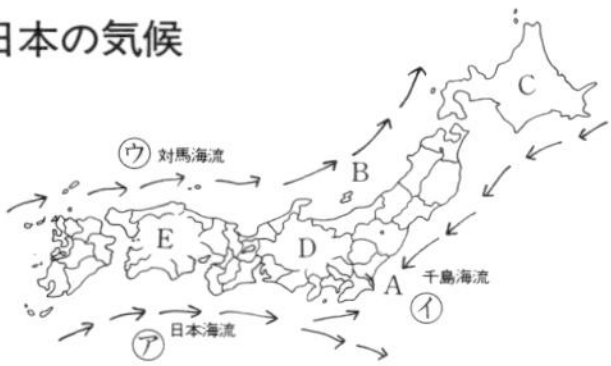

㋐黒潮（日本海流）
㋑親潮（千島海流）
㋒対馬海流

〈図Ⅱ〉

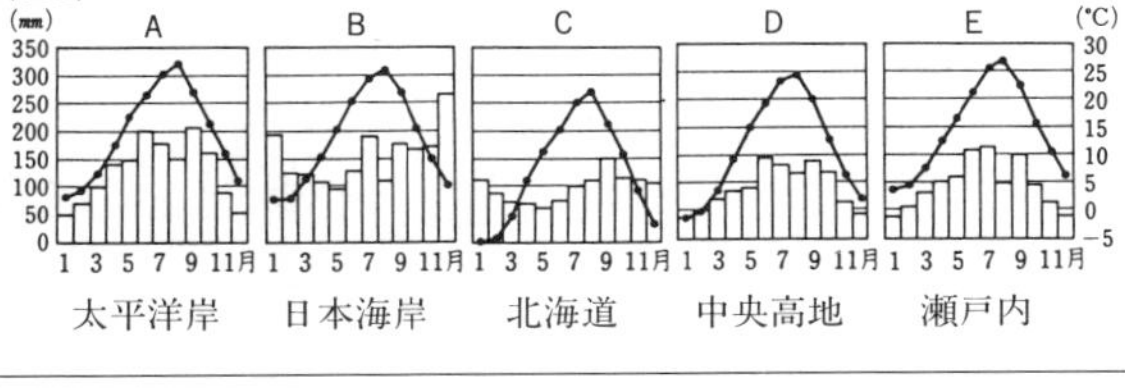

気候は、北海道気候、日本海岸気候、太平洋岸気候、中央高地気候、瀬戸内気候、南西諸島気候に分けられ、よくテストに出題される。代表的な都市での気温と雨量、季節風と雨量、気温の年較差と日較差、フェーン現象などを整理させること。

②の「公害と健康や環境の保護」では、公害の原因と種類、四大公害病、公害への対策、などを学習する。まず公害には、水の汚れ、空気の汚れ、土の汚れ、騒音や振動、地下水のくみ上げによる地盤沈下、化学工場などによる悪臭などがある。また、酸性雨、フロンガスによるオゾン層の破壊、温室効果ガス、産業廃棄《はいき》物の不法処理による廃ガスなどもそうだ。

四大公害病とは、水俣《みなまた》病、阿賀野川《あがのがわ》水銀中毒、イタイイタイ病、四日市ぜんそくをいう。すでに解決されたものもあるが、まだ少数ながら発症するケースもある。環境省の働きを中心にまとめるといい。また、国が設定して管理などをする二十八の国立公園を整理させて、都道府県の知事が管理する国定公園、海中公園などといっしょに略図が描けるようにさせること。

③の「国土の保全と水資源」では、水資源を養い育てるために森林の働きが大きいことをつかませる。わが国の降水量は多いが、季節や地方によって降水量がちがう。また、地形がけわしくて川の流れが速いために、一気に大量の水が流水として失われてしまう。

ところが森林は雨水をたくわえ、周辺の土壌を流出させない。また、大気の浄化や騒音防止にも役立つ。その育成や保護に従事する人々の努力についても考えるようにする。

六年生での「わが国の歴史」は人物像をつかませよう

歴史上の主要人物への興味を持たせよう

六年生では、まず「わが国の歴史」を勉強する。かなり分量が多いので、代表的な四十二名の人物像を中心にして、その生きかたや働きに興味を持ちながら整理させるといい。その時代区分は、①農耕のはじまり～大和朝廷の成立、②聖徳太子の政治～平安京、③源平の戦い～室町幕府、④キリスト教伝来～天下統一、⑤江戸幕府、⑥黒船来航～明治維新、⑦大日本帝国憲法～日清・日露戦争、⑧日華事変～憲法発布、となっている。

農耕のはじまり～大和朝廷の成立――神話から国の形成を考える

ここでの歴史的なことがらは「農耕のはじまり」と「古墳」、人物では「卑弥呼《ひみこ》」が重要になる。先土器《せんどき》時代↓縄文《じょうもん》時代↓弥生《やよい》時代↓邪馬台国《やまたいこく》と女王卑弥呼↓大和朝廷の統一、という流れをつかみ、縄文文化と弥生文化のちがい、『古事記《こじき》』や『日本書紀《にほんしょき》』などによる国家の成立や国土の統一についての神話や伝承、などを整理させる。

縄文文化では、貝塚、縄目模様《なわめもよう》の土器、加工した石器、骨角器《こっかくき》、狩猟《しゅりょう》をおもにした生活、竪穴《たてあな》住居、小さな集団での共同生活、貧富の差があまりない、など。

弥生文化では、青銅器や鉄器、弥生式土器、登呂《とろ》遺跡の高床《たかゆか》の倉庫・水田、吉野ケ里《よしのがり》遺跡の集落をかこむ堀・物見やぐら、青銅器の銅鏡《どうきょう》・銅矛《どうほこ》・銅鐸《どうたく》、鉄器、など。ただし、米づくりの開始については縄文時代以前にさかのぼるとする説もあるが、弥生時代に爆発的に広まったことは疑えない。大規模な共同生活↓米づくりの普及と考えるといいだろう。

また、中国の『魏志倭人伝《ぎしわじんでん》』によると、三世紀前半、諸国の王が邪馬台国の女王卑弥呼を共立して王としたというが、その所在地をめぐって論争があり、北九州説と畿内大和説が対立している。また、江戸時代に「漢委奴国王《かんのわのなのこくおう》」ときざまれた金印が発見された。

古墳とは、四世紀頃から七世紀頃にかけての墳墓《ふんぼ》のこと。この頃は古墳時代とも呼ばれ、前方後円墳や埴輪《はにわ》などが特徴。その出土品から、各地に豪族が出現し、やがて大和朝廷によって国土が統一されたことがわかる。そのほか、漢字や仏教、儒教《じゅきょう》、養蚕《ようさん》、機織《はたお》り技術などを伝えた渡来人《とらいじん》、などを整理させる。

聖徳太子の政治～平安京――天皇中心の政治の確立

歴史的なことがらは「大陸文化の摂取《せっしゅ》」「大化の改新」「大仏造営《ぞうえい》」「貴族の生活」など、人物の働きでは「聖徳太子《しょうとくたいし》」「小野妹子《おののいもこ》」「中大兄皇子《なかのおおえのおうじ》」「中臣鎌足《なかとみのかまたり》」「聖武《しょうむ》天皇」「行基《ぎょうき》」「鑑《がん》真《じん》」「藤原道長《みちなが》」「紫式部《むらさきしきぶ》」「清少納言《せいしょうなごん》」などが重要になる。

推古天皇の摂政《せっしょう》であったとされる聖徳太子は大陸文化のとり入れに熱心で、「冠位《かんい》十二階《かい》」「十七条の憲法」などを定め、小野妹子を遣隋使《けんずいし》とした。また、仏教をうやまう太子は四天王寺や法隆寺などを建てた。この時代の文化を「飛鳥《あすか》文化」という。

太子の死後、中大兄皇子（のちの天智天皇）と中臣鎌足（のちの藤原鎌足）が蘇我氏《そがし》をほろぼして政治改革を行なったのが「大化の改新」。中大兄皇子は年号を大化とし、公地公民、班田《はんでん》収授《しゅうじゅ》、租庸調《そようちょう》の税制、国郡里《こくぐんり》の制などをととのえ、都を近江の大津にうつして天智《てんち》天皇となった。その後、文武天皇のときに大宝律令《たいほうりつりょう》がつくられ、律令政治のもとが築かれた。この時代の文化を「白鳳《はくおう》文化」という。

元明《げんめい》天皇のとき、唐の長安にならって平城京（奈良）がつくられた。聖武天皇は諸国に国分寺と国分尼寺を建て、総国分寺を東大寺とした。「大仏造営」には行基の功があった。光明《こうみょう》皇后は悲田院《ひでんいん》や施薬院《せやくいん》をつくり、天皇の死後、遺品を東大寺正倉院《しょうそういん》におさめた。また、中国からきた鑑真は律宗《りつしゅう》をつたえ、唐招提寺《とうしょうだいじ》を建てた。この時代の文化を「天平《てんぴょう》文化」という。

ここでは、法隆寺の壁画・釈迦三尊像《しゃかさんぞんぞう》・玉虫厨子《たまむしのずし》、中宮寺《ちゅうぐうじ》の弥勒菩薩像《みろくぼさつぞう》、高松塚《たかまつづか》古墳、遣隋使と遣唐使、『古事記』と『日本書紀』、『万葉集』、和同開珎《わどうかいちん》、山上憶良《やまのうえのおくら》・柿本人麻呂《かきのもとのひとまろ》・

山部赤人《やまべのあかひと》・大伴家持《おおとものやかもち》、なども整理させたい。

その後、桓武《かんむ》天皇は都を平安京（京都）にうつし、律令政治のたて直しのために、政治と仏教の分離をはかった。また、征夷大将軍の坂上田村麻呂《さかのうえのたむらまろ》は蝦夷《えぞ》を平定した。政治からはなれた新しい仏教として最澄《さいちょう》の天台宗、空海《くうかい》の真言宗が開かれた。

鎌足の血を引く藤原氏は、道長のときに絶頂期をむかえ、子の頼道《よりみち》とともに摂政・関白として、天皇にかわって政治をとった。これを摂関《せっかん》政治という。また、菅原道真《すがわらのみちざね》の意見で遣唐使が廃止になり、それまでの中国風の文化が見直され、寝殿造《しんでんづくり》や十二単《ひとえ》、かな文字、浄土教思想などの国風《こくふう》（日本風）文化がめばえた。

そのほか、比叡山延暦寺《ひえいざんえんりゃくじ》、高野山金剛峰寺《こうやさんこんごうぶじ》、東寺《とうじ》、荘園《しょうえん》制度、紫式部の『源氏物語《げんじものがたり》』、清少納言の『枕草子《まくらのそうし》』、紀貫之《きのつらゆき》の『土佐日記《とさにっき》』、『古今和歌集《こきんわかしゅう》』、『竹取物語《たけとりものがたり》』、『今昔物語集《こんじゃくものがたりしゅう》』、唐絵《からえ》と大和絵《やまとえ》、宇治平等院鳳凰堂《うじびょうどういんほうおうどう》、中尊寺金色堂《ちゅうそんじこんじきどう》、などを整理させる。

源平の戦い〜室町幕府——武士による政治のはじまり

ここでの歴史的なことがらは「源平《げんぺい》の戦い」「鎌倉幕府のはじまり」「元《げん》との戦い」、人物では「平清盛《たいらのきよもり》」「源頼朝《みなもとのよりとも》」「源義経《よしつね》」「北条時宗《ときむね》」「足利義満《よしみつ》」「足利義政《よしまさ》」「雪舟《せっしゅう》」などだ。

大貴族は都でぜいたくに暮らし、下級貴族の一部は地方の領主などから豪族となった。その

六年生の「わが国の歴史」の急所１

《主要な人物の働き》

①卑弥呼と邪馬台国

・『魏志倭人伝』→３世紀前半に女王となり、独身で鬼神の道につかえ、弟王が助けて国をおさめた。魏に使いを送り、明帝から親魏倭王の称号と金印紫綬をうけた。

②聖徳太子と小野妹子

・６世紀末→冠位十二階や十七条の憲法をさだめ、小野妹子に「日出づる処の天子、書を日没する処の天子に致す」という国書をもたせて中国につかわした。

③中大兄皇子と中臣鎌足

・７世紀半ば→鎌足とともに蘇我氏をほろぼし、大化の改新の政策をすすめる。その没後、子供の大友皇子と弟の大海人皇子との間に壬申の乱がおこった。

④聖武天皇と行基・鑑真

・８世紀半ば→生き仏といわれた行基の助けにより東大寺と大仏をつくり、唐から渡来した鑑真に仏教の指導をうける。唐の影響をうけた天平文化がさかえた。

⑤藤原道長と藤原頼道

・10世紀→道長は３代の天皇の母方の親戚として政治の実権をにぎり、「この世をば我が世とぞ思ふ」とうたう。子の頼道は宇治に平等院鳳凰堂をたてた。

⑥紫式部と清少納言

・10世紀→紫式部は夫の死後に書きはじめた『源氏物語』が人気になり、中宮彰子につかえる。中宮定子につかえた清少納言は定子の命により『枕草子』を書く。

⑦平清盛

・1167年→武士として最初の太政大臣になり、一族の者を高位高官につけるが病没。貴族色にそまる一門は滅亡。

⑧源頼朝と源義経

・1192年→頼朝は征夷大将軍となって鎌倉幕府をひらくが弟義経と不仲になり、源氏は３代で終わる。

地方領主と戦いを専業とする集団とが合体して、武士が生まれた。関東での平将門《たいらのまさかど》の乱や、瀬戸内海での藤原純友《ふじわらのすみとも》の乱を平定したのは武士団だった。そして、源義家《よしいえ》は東国に勢力をはり、平忠盛《ただもり》は西国に勢力をはった。

白河上皇《しらかわじょうこう》は院政《いんせい》によって藤原氏から実権をとり戻そうとしたが、保元《ほうげん》の乱が起こり、それを平定した平清盛が勢力を伸ばした。それが不満の源義朝《よしとも》は平治《へいじ》の乱を起こしたが、清盛に敗れ、子の頼朝らは地方に流された。清盛は太政大臣になり、兵庫に港を開いて日宋《にっそう》貿易に力をそそぎ、国内に宋銭《そうせん》をつかわせた。

だが、後白河法皇《ごしらかわほうおう》などの呼びかけで各地の源氏が平家打倒に立ち上がり、源義経も兵をあげた。平家をやぶって都に入った源（木曾）義仲《よしなか》は源義経らに敗れ、平家も壇《だん》の浦《うら》で滅亡。さらに頼朝と義経が不仲になり、弟をとらえるために全国に守護《しゅご》と地頭《じとう》をおいた。

朝廷から征夷大将軍に任じられた頼朝は、鎌倉に幕府を開いた。仕える武士は御家人《ごけにん》と呼ばれ、将軍と御家人は〝御恩《ごおん》と奉公《ほうこう》〟の関係で結ばれた。だが、源氏は三代でほろび、北条氏が執権《しっけん》として政治をとった。後鳥羽《ごとば》上皇は北条氏を倒そうとしたが敗れ、地方に流された。これを承久《じょうきゅう》の乱という。

その後、フビライ＝ハーンの元《げん》が臣従をせまるが、執権の北条時宗《ときむね》は使いを斬って拒否。元の軍勢は北九州に攻めよせ、集団戦法や火薬武器で日本の武士を苦しめたが暴風雨にあって敗走した。これを文永《ぶんえい》の役という。ふたたび元が攻めよせたのを弘安《こうあん》の役という。戦いには勝ったが幕府の財政は苦しく、武士の不満は高まった。

北条氏の勢力がおとろえ、政治は乱れた。楠木正成《くすのきまさしげ》、新田義貞《にったよしさだ》、足利尊氏《あしかがたかうじ》らの武将が鎌倉幕府をほろぼし、後醍醐《ごだいご》天皇は年号を建武《けんむ》とあらため、新しい政治をはじめた。だが、戦いの恩賞が少なかった武士たちの不満を背景に足利尊氏が兵をあげ、後醍醐天皇側（南朝）と、光《こう》明《みょう》天皇側（北朝）が対立。さらに、尊氏は征夷大将軍となって京に幕府を開いた。

足利三代将軍義満《よしみつ》は京の室町に幕府をおき、倭寇《わこう》をとりしまり、日明《にちみん》貿易（勘合《かんごう》貿易）に力をそそいだ。守護大名が勢力を伸ばす一方、八代将軍義政《よしまさ》は徳政令《とくせいれい》を何度も出したので世の中は乱れ、将軍のあとつぎ問題をめぐって守護大名が対立し、応仁《おうにん》の乱が起きる。戦いのなかで下剋上《げこくじょう》が起こり、有力な戦国大名が生まれた。

ここでは、絵画の『源氏物語絵巻』『信貴山縁起《しぎさんえんぎ》絵巻』『鳥獣戯画《ちょうじゅうぎが》』など、文学の『平家物語』『徒然草《つれづれぐさ》』『新古今和歌集』、マルコ・ポーロの『東方見聞録《とうほうけんぶんろく》』など、金閣寺と銀閣寺、書院造、大和絵の狩野元信《かのうもとのぶ》、水墨画の雪舟、能楽の観阿弥《かんあみ》・世阿弥《ぜあみ》、茶の湯、などを整理させる。

キリスト教伝来〜天下統一——戦国の世から単独政権へ

歴史的ことがらは「キリスト教の伝来」「織田・豊臣の天下統一」、人物では「ザビエル」

「織田信長」「豊臣秀吉」など。

このころ、ヨーロッパ人が東洋へ進出し、フランシスコ＝ザビエルが鹿児島に上陸してキリスト教をひろめ、ポルトガルからの船が種子島《たねがしま》に鉄砲をつたえた。一方、織田信長は今川氏を桶狭間《おけはざま》でやぶり、京へ入って室町幕府をほろぼす。安土城《あづちじょう》をきずき、キリスト教を保護して南蛮寺《なんばんじ》をたて、一向一揆《いっこういっき》をしずめ、楽市《らくいち》・楽座《らくざ》の制をつくった。

信長の死後、秀吉は関白となり、さらに太政大臣となって天皇から豊臣姓をたまわり、天下を統一。検地《けんち》を行なって面積などの単位を統一し、新しく年貢を定めた。また、刀狩《かたながり》を行なって兵農分離をすすめ、身分制度のもとをつくった。

そのほか、雄大な桃山《ももやま》文化、建築での大坂城・伏見城・聚楽第《じゅらくだい》など、狩野派の障壁画《しょうへきが》、千《せんの》利休《りきゅう》による茶の湯の完成、南蛮《なんばん》文化、朝鮮出兵の文禄《ぶんろく》・慶長《けいちょう》の役、などを整理させる。

江戸幕府――二百数十年の鎖国体制

歴史的なことがらは「江戸幕府のはじまり」「大名行列」「鎖国」「歌舞伎や浮世絵」「国学《こくがく》や蘭学《らんがく》」など、人物では「徳川家康」「徳川家光」「近松門左衛門《ちかまつもんざえもん》」「歌川広重《うたがわひろしげ》」「本居宣長《もとおりのりなが》」「杉田玄白《げんぱく》」「伊能忠敬《いのうただたか》」など。

関ヶ原の戦いに勝利した家康は、征夷大将軍となって江戸に幕府を開き、さらに大坂冬の

六年生の「わが国の歴史」の急所2

⑨北条時宗

・1274年→元・高麗軍が対馬や北九州を攻め、8年後にも襲撃。時宗は防戦の指揮にあたり、暴風雨のせいもあって遠征軍はほろぶ。時宗は鎌倉に円覚寺をたてる。

⑩足利義満と足利義政

・1392年→義満は南北朝を合一。明に国書を送って日本国王とみとめられ、刀剣などを輸出し、銅銭・絹などを輸入。義政は借金を返さなくてもいいとする徳政令を13回も出し、経済は混乱して応仁の乱をまねくが、芸能や美術などに力を入れたので東山文化がさかえた。

⑪雪舟

・15世紀→明に渡航して絵を学び、それまでの水墨画にない表現に成功。代表作は『天橋立図』など。

⑫ザビエル

・1549年→宣教師ザビエルが鹿児島に上陸し、翌年京に入るが、荒れた都での布教をあきらめる。山口や大分などでの布教活動後、インドに帰る。

⑬織田信長と豊臣秀吉

・1560年→信長は桶狭間で今川義元をやぶり、「天下布武」の印章をもちいる。73年に足利義昭を追放して室町幕府をほろぼす。本能寺の変で信長は自害し、かわつて秀吉が天下を統一。秀吉は検地によって農民の移住を禁止し、関所を廃止したので商業がさかんになる。

⑭徳川家康と徳川家光

・1600年→関ヶ原の戦いで石田三成をやぶった家康は、3年後に江戸幕府をひらく。家光は幕府の諸制度をととのえ、大名を統制して幕府の権威を高めた。

⑮近松門左衛門・歌川広重

・江戸前中期→近松は浄瑠璃と歌舞伎作者として活躍、人間的なドラマに特色。『曽根崎心中』など。広重は『東海道五十三次』で人気となり、多くの風景画をのこす。

陣・夏の陣で豊臣氏をほろぼした。幕府は全国の約四分の一を支配し、その他を大名に与える幕藩体制をとり、大名を親藩《しんぱん》・譜代《ふだい》・外様《とざま》に分けて武家諸法度《ぶけしょはっと》でとりしまり、天皇や公家には禁中並《きんちゅうならびに》公家《くげ》諸法度《しょはっと》をつくって規制をつよめた。

　家康と二代秀忠はキリスト教を禁じ、三代家光はオランダと中国だけが長崎で貿易することをみとめ、鎖国を完成。そのため、幕府の支配は強まり、わが国独自の文化が育った。また、参勤《さんきん》交代がはじまり、大名を抑える制度がととのった。

　農具のくふうによって生産高が伸び、各藩の特産物が生まれ、蔵元《くらもと》・両替商に大商人があらわれた。また、五街道などが整備され、菱垣廻船《ひがきかいせん》や樽廻船《たるかいせん》、東回り・西回り航路がさかん。だが、幕府の財政は苦しくなり、吉宗の享保《きょうほう》の改革、松平定信《まつだいらさだのぶ》の寛政《かんせい》の改革、水野忠邦《みずのただくに》の天保《てんぽう》の改革などが行なわれた。飢饉《ききん》がひどく、百姓一揆がひんぱんに起きた。

　文化の面では、中期頃から『古事記』や『日本書紀』に日本精神のありかを求める国学が生まれ、本居宣長は『古事記伝《でん》』などをあらわした。オランダ語による蘭学もさかんになり、杉田玄白や前野良沢《まえのりょうたく》らは『解体新書《かいたいしんしょ》』を完成した。また、町人文化がさかんになり、前期は上《かみ》方《がた》が、後期は江戸が中心になった。歌舞伎や浮世絵、俳諧《はいかい》、読本《よみほん》などがはやった。

　そのほか、士農工商の身分制度、慶安《けいあん》のおふれ書《がき》、生類憐《しょうるいあわれ》みの令、天下の台所、新田開発、絵画の狩野探幽《かのうたんゆう》・尾形光琳《おがたこうりん》、数学の関孝和《せきたかかず》、伊能忠敬の『大日本沿海輿地《よち》全図』、大塩平八郎《おおしおへいはちろう》の乱、シーボルトと高野長英《たかのちょうえい》などを整理させる。

黒船来航～明治維新――太平の眠りから新時代の夜明けへ

ここでの歴史的なことがらは「黒船来航」「明治維新」「文明開化」など、人物では「ペリー」「勝海舟《かつかいしゅう》」「西郷隆盛《さいごうたかもり》」「大久保利通《としみち》」「木戸孝允《たかよし》」「明治天皇」「福沢諭吉《ゆきち》」など。

ペリーが来航して開国をせまったので幕府は日米和親《わしん》条約をむすび、アメリカの総領事ハリスと日米修好通商《しゅうこうつうしょう》条約をむすび、他の外国諸国とも条約をむすんだ。だが、治外法権をみとめ関税自主権がないことから反対の声が高まり、安政《あんせい》の大獄《たいごく》、桜田門外《さくらだもんがい》の変《へん》が起きた。その後、討幕運動が加速し、将軍慶喜《よしのぶ》は大政奉還《たいせいほうかん》を決意し、江戸幕府は終わった。

明治天皇の名により王政復古《おうせいふっこ》の令、五箇条の御誓文《ごせいもん》が示され、政府は版籍奉還《はんせきほうかん》と廃藩置県《はいはんちけん》を行なった。政府収入の安定をはかるための地租《ちそ》改正、富国強兵のための徴兵令《ちょうへいれい》、欧米の技術をとり入れた官営工場などに着手し、世の中は大きく変わった（文明開化）。

そのほか、郵便・鉄道制度、学制、太陽暦、ザンギリ頭、私立大学の設立などをまとめる。

大日本帝国憲法～日清・日露戦争――国際社会への進出

ここでの歴史的なことがらは「大日本帝国憲法の発布」「日清《にっしん》・日露《にちろ》の戦争」「条約改正」

「科学の発展」など、人物では「大隈重信《おおくましげのぶ》」「板垣退助《いたがきたいすけ》」「伊藤博文《いとうひろぶみ》」「陸奥宗光《むつむねみつ》」「東郷平八郎《とうごうへいはちろう》」「小村寿太郎《こむらじゅたろう》」「野口英世《のぐちひでよ》」など。

不平士族が反乱を起こし、西郷隆盛は西南《せいなん》戦争で敗れた。だが、板垣退助らは自由民権運動をひろげ、ついに政府は国会を開く約束をし、政党の結成もみとめた。また、伊藤博文はドイツの憲法を学び、内閣制度をつくり、初代の内閣総理大臣に。大日本帝国憲法が発布され、衆議院議員選挙が行なわれ、第一回帝国議会が開かれた。

その後、清《しん》（中国）と戦争になり、清と下関条約をむすぶさいに陸奥宗光の働きが大きかった。しかし、ロシアなどが条約内容に干渉したことから戦争になって勝利し、小村寿太郎などがポーツマス条約をむすぶ。さらに韓国を併合したが、日本への反抗運動が起きた。また、各国との不平等条約を改正する努力がみのり、陸奥宗光はイギリスの治外法権をとり除き、小村寿太郎は関税自主権を回復した。

第一次世界大戦で、ヨーロッパ諸国は連合国と同盟国に分かれ、日本も連合国側で参戦。ベルサイユ条約でドイツの権益を引きつぎ、国際連盟の常任理事国になって地位を高めた。しかし、戦争後の不景気におそわれ、関東大震災にみまわれた。中国を支配することで日本を立て直そうと考えた一部の軍人や政治家は、満州事変《まんしゅうじへん》を起こし、満州国をつくった。さらに、軍人たちの事件があいつぎ、軍部が政治を動かすようになった。

六年生の「わが国の歴史」の急所３

⑯本居宣長・杉田玄白・伊能忠敬

・江戸中後期→宣長は賀茂真淵に入門し、『古事記』研究に打ちこむ。玄白はオランダ語の解剖書『ターヘル・アナトミア』を翻訳。忠敬は隠居後に日本の沿岸を中心に測量し、『大日本沿海輿地全図』は孫が完成させる。

⑰ペリー・勝海舟

・1853年→ペリーが軍艦４隻をひきいて浦賀に来航し、翌年は軍艦７隻で渡来し、幕府と日米和親条約をむすぶ。

・1860年→海舟は咸臨丸で渡米、軍艦奉行となる。坂本竜馬が門弟となり、のちに陸軍総裁。西郷隆盛と会見して江戸無血開城を実現。明治になり、枢密院顧問。

⑱西郷隆盛・大久保利通・木戸孝允

・1873年→西郷は朝鮮派遣（征韓論）をすすめるが大久保らに反対され、辞任。西南戦争をしずめた大久保は暗殺される。旧名桂小五郎の木戸は、大久保への権力集中を批判して引退。

⑲福沢諭吉・大隈重信・板垣退助・伊藤博文

・1860年→福沢は幕府使節とともに咸臨丸で渡米し、帰国後に塾をひらき、明治元年に慶応義塾と名をあらためる。『学問のすゝめ』などを刊行。

・1882年→大隈は立憲改進党をつくり、東京専門学校（早稲田大学）を創設。のちに日本初の政党内閣を組織。板垣は自由民権運動をすすめ、自由党を結成。伊藤はヨーロッパで憲法を調査し、初代の内閣総理大臣に。晩年は元老として重きをなしたが、暗殺された。

⑳陸奥宗光・小村寿太郎・東郷平八郎

・1895年→陸奥は日清講和（下関条約）で大いに働くが、露独仏の３国が口出し。日露戦争後の講和条約では小村が活躍。東郷は日本海海戦で完勝した。

㉑野口英世

・1911年→梅毒病原体を培養、のちに黄熱病病原体も発見。

そのほか、自由党・立憲改進党《りっけんかいしんとう》、下関条約の内容、ポーツマス条約の内容、田中正造《しょうぞう》、米《こめ》騒動《そうどう》、尾崎行雄《おざきゆきお》・犬養毅《いぬかいつよし》・原敬《はらたかし》、ロシア革命、孫文《そんぶん》、二・二六事件などを整理させる。

日華事変～日本国憲法発布――民主的な国家としての出発

歴史的なことがらは「日華事変《にっかじへん》」「第二次世界大戦」「日本国憲法の制定」「オリンピックの開催」など、人物では「東条英機《とうじょうひでき》」「吉田茂《よしだしげる》」「鳩山一郎《はとやまいちろう》」「岸信介《きしのぶすけ》」に注意させよう。

中国で日中軍が衝突して戦争がはじまり、長期戦となった。ヨーロッパでの第二次世界大戦では、日本は日独伊《にちどくい》三国同盟をむすび、アジアと太平洋地域で連合国と戦い、広島と長崎に原子爆弾が投下されたことでポツダム宣言を受け入れ、降伏した。

連合国軍が日本を占領し、教育基本法による六三三四制、財閥解体《ざいばつかいたい》、農地改革、労働諸法の制定、婦人の参政権などの民主化が行なわれ、日本国憲法が公布された。サンフランシスコ講和条約で戦争は正式に終了。アメリカと日米安保条約をむすび、国際連合に加入。オリンピックの開催などにより、ふたたび国際社会に復帰した。

そのほか、小作農と自作農、中華人民共和国の成立、朝鮮戦争、米ソの対立（冷戦）、ベトナム戦争、高度経済成長、ソ連邦の解体と独立国家共同体などを整理させよう。

「政治の働き」「世界のなかの日本」は生活と関連させよう

わが国の政治の働き――国民主権と地方公共団体・国の役割

ここでは、①生活と政治の結びつき、②国会の働き、③内閣と裁判所、④地方自治と選挙のしくみ、⑤日本国憲法、などを勉強する。

①の「生活と政治の結びつき」では、国民の生活には地方公共団体（都道府県・市町村）や国の政治が反映していることを、公共施設の建設、地域の開発、災害復旧へのとり組みなどを通して考える。また、物価や都市問題、社会保障、公害などと政治との関連もテーマになる。

政府は通貨発行量を調整し、公共料金を定め、いろいろな要素を検討しながら、物価の安定をはかる。また、都市部には交通事故・公害、防災・防犯、住宅不足、下水道・道路などの整備という問題が集中するが、地方部にはまた特有の問題がある。それらを解決するのも国や地方公共団体の仕事になっている。

また、社会保障制度により、医療《いりょう》保険・年金・雇用《こよう》保険などをととのえ、生活保護や社会福祉に力を入れることが求められ、農山漁村の無医地区をなくす努力もつづけられている。

環境省を中心に公害への対策がすすめられ、公害対策基本法・大気汚染防止法・騒音規制法・水質汚濁《おだく》防止法などがつくられている。また、地方公共団体によっては別の条例をつくってさらに規制をきびしくするなど、独自の働きをしている。

ほかには、高齢化社会と介護《かいご》保険、老人医療費の負担比率、年金受給年齢の引き上げ、薬害訴訟、公害病の認定、などを整理させる。

②の「国会の働き」では、わが国の主権は国民にあるが、国民を代表する国会議員によってつくられる国会は、国権の最高機関（立法府）とされることをつかむ。国会には、通常国会・臨時国会・特別国会がある。また、衆議院と参議院の二院制になっていて、衆議院には解散があり、参議院に対して優越権《ゆうえつけん》を持っていることを押さえさせる。

そのほか、国会議員の選挙、被《ひ》選挙権、法律の成立、司法・行政・立法の三権分立、予算の成立、国会の各委員会、公聴会《こうちょうかい》、租税《そぜい》の役割と税金の使われかたなどを整理させる。

③の「内閣と裁判所」では、内閣総理大臣は国の行政の最高責任者で、国会議員のなかから国会が指名し、天皇によって任命されるという点が大事だ。また、国務大臣は総理大臣によって任命されるが、過半数は国会議員でなければならず、閣議《かくぎ》に参加し、各省の大臣となってそれぞれの行政分野の責任者となる。

また、裁判ではその公正のために司法権《しほうけん》の独立・裁判の三審制《さんしんせい》・人権の尊重がはかられてい

六年生の「政治の働き」の急所

①社会保障の4つの柱

1) 社会保険→医療保険・年金・雇用保険など
2) 生活保護→生活扶助や住宅・教育・医療などの扶助
3) 社会福祉→児童福祉・母子福祉・老人福祉など
4) 公衆衛生→伝染病対策や上下水道、公害対策など

②衆議院の優越権

1) 内閣不信任案の議決を行なう
2) 予算の審議を参議院より先に行なう
3) 法律案が両院協議会でもまとまらないときは、衆議院の3分の2以上の賛成で決めることができる
4) 予算の議決・条約の承認・総理大臣の指名などについて両院協議会でも一致しないとき、衆議院の議決で決まる

③三権分立と裁判の三審制

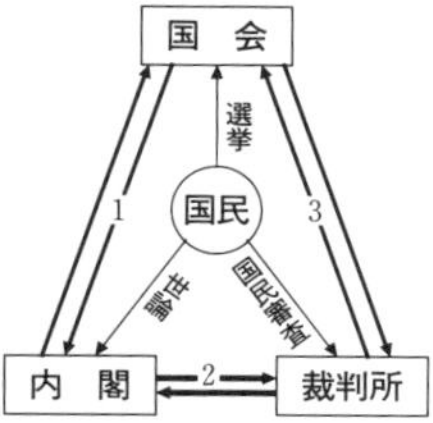

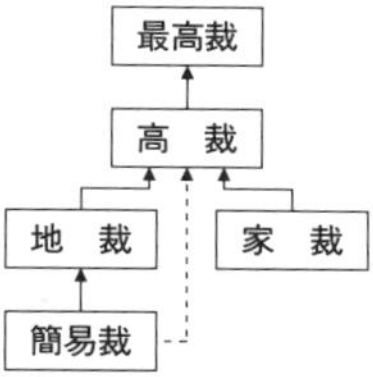

1) 内閣総理大臣を選ぶ
2) 裁判官を任命する
3) 法律が憲法に反していないか審査する

＊裁判の判決に不服な者は3回まで裁判を受け直すことができる

④日本国憲法

・三大原則→国民主権・基本的人権の尊重・平和主義

国民主権＝政治をうごかす最高権力は国民にある

基本的人権＝人が生まれながら当然にもっている権利。自由権・平等権・参政権・請求権・生存権・教育を受ける権利・労働基本権など

平和主義＝憲法前文と第9条

る。簡易《かんい》裁判所→交通事故などの軽い事件、地方《ちほう》裁判所→殺人や強盗などの最初の裁判、高等《こうとう》裁判所→第一回めの判決に不服な者が控訴した裁判、最高《さいこう》裁判所→最終の判決を行ない、法律や政令が違憲かどうかも判断するので〝憲法の番人〟ともいわれる。また、家庭《かてい》裁判所は家庭事件や少年保護事件の審判などを行ない、地方裁判所と同格とされる。

④の「地方自治と選挙のしくみ」では、地方議会は任期四年の一院制であること、選挙権は満二十歳以上、被選挙権にはちがいがある、などをつかませる。

⑤の「日本国憲法」では、国家の理想、天皇の地位、国民としての権利と義務などを押さえさせ、国家や国民生活の基本を定める憲法について考える。

国家の理想では、基本的人権の尊重、国民主権、平和主義の基本的な原則などについて考える。誰も永久に奪われることのない権利としての基本的人権には、平等権・自由権・参政権・社会権（生存権）・請求権などがある。平和主義については、憲法第九条に「戦争と、…武力の行使は、…永久にこれを放棄する」とある。

天皇の地位については、国民主権により〝天皇は象徴《しょうちょう》〟であることをつかませる。国事行為《こくじこうい》とは、天皇が内閣の助言と承認により行なう形式的で儀礼的な行為をいう。

国民としての権利と義務では、基本的人権を踏まえたうえで、国民の三大義務である教育を受けさせる義務・勤労の義務・納税の義務をつかませる。

　また、憲法改正するには「国会に改正案が提出される」→「両議院の総議員の三分の二以上の賛成」→「国民投票」→「過半数の賛成」→「天皇による公布」という流れになる。

世界のなかの日本の役割⑴——諸外国とのつながり

　ここでは、わが国と関係が深い国の人々の生活、を勉強する。世界の国々の地形や気候、産業や人口などを調べるのがねらいではなく、それらの国の人々と共生していくために、異なる文化や習慣を理解し合うことが大切だと気づかせる。衣服や料理、食事の習慣、住居などの特色をつかみ、ものの見かたや考えかたを尊重できるようにさせたい。

　東アジアの国々では、まず中国（中華人民共和国）だ。世界有数の古代文明がさかえ、この大陸の精神と文物を摂取することで、わが国は発展してきた。漢字や稲作、仏教、儒教の伝来などを列記していくときりがない。その食文化は、北方は小麦による粉食を中心にし、南方は米食を中心にするが、どちらもわが国にはなじみが深い。政治体制のちがいから、今後も各種のまさつが予測されるが、良き隣人でありつづける努力をしたい（香港《ホンコン》特別区をふくむ）。

　また、台湾（中華民国）は大陸の国民党《こくみんとう》政府が移ってきたいきさつから、中国とは敵対する関係にある。この政治体制のちがいをめぐる困難はあるが、わが国との貿易や観光などでの交流はさかんなので、政治色のないところでの友好はさらに深まるだろう。

朝鮮は、朝鮮戦争後に、北緯38度線で北朝鮮（朝鮮民主主義人民共和国）と韓国（大韓民国）とに分かれて独立した。北朝鮮は社会主義体制なので正式な国交はないが、わが国と韓国はサッカー・ワールド大会を共催するなど、友好的なつながりの維持につとめている。わが国では焼肉やキムチなどは国民食になり、韓国の首都ソウルを中心にした観光が人気になっている。

また、草原の国モンゴルは、大相撲で活躍する力士がたくさんいる。産物は少ないが、かつての世界の覇者チンギス＝ハンの流れをくんで、パオという移動式住居に暮らす。

東南アジア一帯では、日本資本が参加した木材のきり出しがさかんだが、それが環境問題となっていることに注意させたい。わが国は石油や天然ガスなどの工業資源の多くを東南アジアの国々に依存しているが、たくさんの消費財もまた東南アジアの人々の恩恵を受けている。また、古くから友好的なつながりのあるタイは仏教国で国王がいる、インドネシアはイスラム教徒が多い、シンガポールは先端産業の集積地である、ブルネイは天然ガスの宝庫である、フィリピンの人々はマレー系でカトリック教徒が多い、マレーシアはゴムと錫《すず》の産地で民族構成が複雑である、ベトナムは新興発展国として注目されている、石造遺跡で有名なカンボジアは内戦からの復興が進んでいる、ラオスは仏教徒が中心、ミャンマーは軍事政権下、など。

南アジアのインドは第二次世界大戦後にイギリスから独立し、綿花《めんか》や米、紅茶の産地として知られるが、近年はハイテク産業などでもめざましい。仏教が生まれた国だが、ヒンドゥー教

六年生の「世界のなかの日本」の急所

①国際連合のしくみ

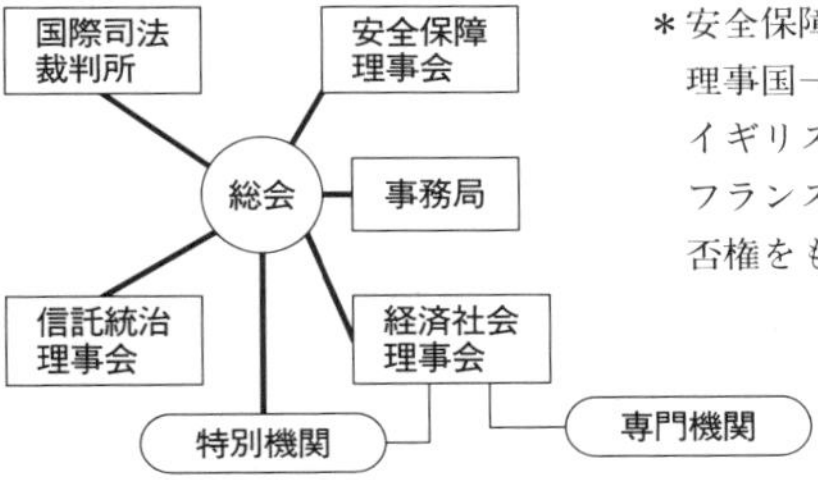

＊安全保障理事会常任理事国→アメリカ・イギリス・ロシア・フランス・中国は拒否権をもつ

＊専門機関
国連食糧農業機関（FAO）　国際通貨基金（IMF）
国際復興開発銀行（IBRD）　世界貿易機関（WTO）

②国際連合の七つの原則

1) すべての加盟国は平等である
2) 国連憲章の義務はかならず守る
3) 争いは話し合いなどにより平和的に解決する
4) 他国の領土や独立に対し、武力を使ったりおどしたりしない
5) 加盟国は国連がとる行動を援助し、国連が制裁を加える国を援助しない
6) 非加盟国にも平和と安全のための協力を求める
7) 国連は加盟国の国内問題に干渉しない

③人権思想の流れ

・基本的人権→J・ロックの『政治論』
・国民主権→H・ルソーの『社会契約論』
・三権分立→C・モンテスキューの『法の精神』
・憲法の制定→イギリス「権利章典」、フランス「人権宣言」
　アメリカ「独立宣言」など

徒が多い。パキスタンはイスラム教徒で、インドと対立している。バングラデシュはパキスタンから分離・独立した国でイスラム教徒が多い。アフガニスタンもイスラム教徒。

西南アジアでは、サウジアラビア、イラン、クウェート、アラブ首長国連邦などが、わが国に原油を輸出している。トルコはかつてのオスマン帝国の流れをくむ。イラクは政治的に孤立しているが、その先行きは予断できない。レバノン、シリア、ヨルダンをはじめとするアラブ諸国は、第二次世界大戦後にユダヤ人が建国したイスラエルをめぐって政治的に不安定。

ロシア連邦はかつてのソ連邦の中心だったので、世界政治に大きな影響力を持つ。カザフスタンなどの中央アジア五カ国、グルジアなどのカフカス三国はロシア連邦との関係でつかむ。

アフリカの国々では、わが国から航空直行便があるエジプト、アフリカ最古の独立国でコーヒー生産が有名なエチオピア、フランスから独立したアルジェリア、皮革製品のモロッコ、野生動物保護で知られるケニアとタンザニア、国土の大半が熱帯雨林のコンゴ、人種差別政策を改めた南アフリカ、珍しい動植物で知られるインド洋上のマダガスカル、など。

北アメリカでは、アメリカ合衆国とカナダについて知っておきたい。そのほか、酒のテキーラで知られるメキシコ、バナナとコーヒーのコスタリカ、運河で有名なパナマ、など。

南アメリカでは、石油を輸出するベネズエラ、コーヒーとバナナが有名なコロンビア、コーヒーとサッカーのブラジル、鉱物資源が豊富な内陸国ボリビア、牧畜のパラグアイ、羊毛と牛肉のウルグアイ、農牧業のアルゼンチン、鉱物資源が豊富な南北に長いペルー、など。

ヨーロッパでは、イギリスを除いた主要な国々がユーロ（欧州単一通貨）を流通させた。言語も人種も雑多なので、それぞれの国の特産物などを中心にまとめるといいだろう。

ともに料理とワイン、ファッションが有名なフランスとイタリア、闘牛のスペイン、東西が統一されたドイツ、古代文明と神話のギリシャ、音楽芸術のオーストリア、アジア系の血を引くハンガリー、ヨーグルトが有名なブルガリア、ダイアモンドのベルギー、農業と重工業のポーランド、酪農と園芸のオランダ、酪農のデンマーク、木材業と漁業のノルウェー、ノーベル賞を授与するスウェーデン、湖水の国フィンランド、火山の島国アイスランドなど。

そのほか、旧ロシアのベラルーシ、ウクライナ、モルドバなどや、バルト三国にもなじんでおく。また、イギリスとアイルランドは宗教のちがいによる紛争が起きている、旧ユーゴスラビアのクロアチアなども紛争が解決していない、など。

オセアニアでは、貿易などでつながりの深いカンガルーとコアラの国オーストラリア、キウイやカボチャ、肉製品などをわが国に輸出するニュージーランド、などを整理させる。

世界のなかの日本の役割⑵——国際機関のしくみ

ここでは、国際連合と世界平和を中心に、国際連合のしくみ、国際交流と国際協力、ユネスコとユニセフなどについて考える。

第二次世界大戦の直後、五十一ヵ国が加盟して、国際連合が発足した。わが国は八十番めに加盟（一九五六年）。中心になるのは年に一回の総会で、一国一票で投票し、過半数で議決される。主要機関の安全保障理事会はアメリカ・イギリス・ロシア・フランス・中国の五常任理事国と、任期二年で改選される十の非常任理事国とで構成される（本部はニューヨーク）。

国連の専門機関のユネスコとは、国連教育科学文化機関のこと。その憲章《けんしょう》に「戦争は人の心のなかで生まれるものであるから、人の心のなかに平和のとりでを……」とある。発展途上国の教育の援助・世界の文化遺産の保護・各国文化の交流などの仕事をしている（本部はパリ）。

特別機関のユニセフとは、国連児童基金のこと。世界の子供を飢《う》えや病気などから守り、生活や健康を高め、戦争などで苦しむ子供を救おうとしている（本部はニューヨーク）。

わが国の国際交流としては、オリンピックなどのスポーツ競技への参加、柔道や相撲などの伝統的な競技の紹介、歌舞伎や能、琴などの海外演奏、外国の絵画や舞踊、音楽などの日本での展覧会や公演などがある。国際協力では、青年海外協力隊や日本赤十字社の活動など。

国際赤十字社は、アンリ＝デュナンの呼びかけでつくられ、戦争のさいは敵や味方にかかわらず兵士を手当てし、平和時には災害や病気に苦しむ人々を救護する。

第5章
理科は観察・実験をもとに「考える力」を育ててやろう

五年生では「なぜ？」を解決するやりかたに慣れさせよう

三・四年生では観察や実験を楽しませておこう！

三年生からはじまる理科は一、二年生での生活科が発展したものなので、いろいろな生活体験を通して、身近な自然について関心や好奇心を持つことが出発点になる。自然界のできごとを比べたり、変化をもたらす要因を抜き出したり、計画的に実験や観察を行なったりしながら、ものごとを解決する能力を育てる。さらに、その内容をふだんの生活と関連づけ、自然を愛する気持ちや科学的なものの見かたを養うのが教科としての目標なのだ。

その領域は、①生物とその環境、②物質とエネルギー、③地球と宇宙、の三つだ。「生物とその環境」では、動物や植物の生活や成長に関する現象について観察や実験をして考える。「物質とエネルギー」では、物質の性質や状態の変化についての観察や実験をして、物質の性質を活用して、ものづくりをする。「地球と宇宙」では、地表や大気圏、天体に見られる現象について観察し、それを自然災害などと関連づけて考える。

自然についての「なぜ？」を大切にしながら、その疑問を観察や実験によって解決して、また新しい「なぜ?」を見つける。こうして少しずつ科学的なものの見かたを育てていくやりかたなので、観察や実験を楽しませて、生きた体験をたくさんストックさせてやりたい。

理科では、「ある現象や事物どうしのどこが同じで、どこがちがうか」が問われる。観察や実験の道具や手順がわかり、それを報告する図解や写真などの内容を読みとり、その相違するところを見つけ、さらに自分でも図解できるようにする、これが決め手になる。

極論すると、四年生までは授業を楽しむだけで十分なのだ。「おもしろい!」という観察や実験はかならず記憶に残るので、夢中にさせたほうがいい。すると、五、六年生になったときに「なぜ?」がスパッと解決される。それまでの観察や実験は「何を考えるためのものだったのか」というまとめに入るので、知識のストックに前後のつながりが生まれるからだ。

また、教科書の読み返しをさせて「あの実験のときはこうだった!」という整理をさせると記憶がたしかになる。図解や写真などに使われる用語もチェックさせる。教科書だけでは一方向的な理解になりがちなので、問題集もやらせたい。ひねった設問にぶつかると多面的な考えかたに気づくので、暗記しようと力まなくても、いつの間にか覚えてしまうものだ。

テストでの得点のしかたも、観察や実験などの手順と同じでいい。もちろん最低限の暗記も必要になるが、それよりも、その場で「なぜ?」を考えて体験のストックと比べてみると、設問者(先生など)が何を答えさせたいのかというねらいがつかめる。あとは条件や数値のちがいに注意するだけでいいのだから、正答できないはずがない。

また、私立などの中学入試に向けて準備する場合でも、高度な観察や実験をしておかないと正答できないということはない。その手順が少し複雑だったり、設問にひっかけや落とし穴があったりはするが、本筋のところは変わらないからだ。ただし、過去の入試問題をこなして出題と解答のパターンをつかみ、ときには「範囲を超える」内容にまで踏みこんでおくこと。学校でやらなかった！　というのは通用しないのだ。

それでは、三年生と四年生を2学年のまとまりで簡単にまとめておこう。

まず「生物とその環境」では、昆虫を飼育して、その育ちかたは「卵→幼虫→さなぎ→成虫」となる、体は頭・胸・腹という共通のつくり、季節によって活動のようすがちがう、など。植物を栽培して、その育ちかたは「種子→子葉→葉→花→果実→枯死」となる、体は根・茎・葉という共通のつくりをしている、季節によって植物の成長はちがう、などをつかむ。

また「物質とエネルギー」では、平面鏡や虫眼鏡を用いたときの光の進みかた、日光の当てかたと物の明るさと暖かさ、乾電池と豆電球での電気回路、乾電池や光電池とモーター、磁石の性質、空気や水を圧縮したときの変化、金属と水での熱の伝わりかたのちがい、温度と水の変化との関係、などをつかむ。

つぎの「地球と宇宙」では、太陽の動きと地面のようす、日なたと日かげのちがい、月の位置と星の明るさや色、星の集まり（星座）の時間による位置の変化、などをつかむ。

私たちの頃とのちがいは、昆虫の成長過程や種類による食べ物のちがい、昆虫の種類による体のつくりの特徴、石と土、植物の運動や成長と天気や時刻の関係、動物の活動と天気や時刻との関係、運動による脈拍や体温の変化、人の活動と時刻や季節との関係、などの削除だ。

それに加えて、根や茎から育つ植物、植物の種類による根や茎などの特徴、人の感覚器官の働き、人の骨や筋肉の働き、物の性質と音、重さとかさ、空気中の水蒸気の変化、などが中学へ移行された。ゆとりをもって観察や実験などを行ない、実感をともなった理解ができるようにするための内容カットなので、積みこぼしのないようにさせ、五年生へと進ませたい。

生物とその環境――植物と動物の成長のしくみ

ここでは、①種子のなかの養分と発芽、②発芽と水・空気・温度、③植物の成長と日光・肥料、④花のつくりと受粉、⑤魚の卵の育ちかた、⑥人は母体内で成長して生まれる、などを勉強する。ただし、⑤と⑥はどちらか一方を選ぶことにされ、⑥での「受精にいたる過程」はあつかわない。また、「男女の体の特徴」は削除され、「卵生と胎生」、「水中の小さな生き物（プランクトン）」は中学へ移行された。

①～③では、発芽には水（水分）・空気（酸素）・適当な温度の三つが条件であること。芽が

出てから種子のなかの〝でんぷん〟を使って光合成できる葉をつくるまでを発芽といい、発芽のための酸素は水にとけたものでもいい、など（成長には日光・土・肥料などが必要）。

ここでの「子葉の切り口にヨウ素液をつける→青むらさき色」の実験から、子葉《しよう》や胚乳《はいにゅう》は養分として〝でんぷん〟をたくわえていること、子葉や胚乳の一部が欠けても成長するが、胚《はい》は〝幼芽《ようが》・幼根《ようこん》・子葉〟で成り立つので、そこが欠けると発芽しないこと、などが重要だ。

また、「日なたの葉にヨウ素液をつける→うすむらさき色」と「日かげの葉にヨウ素液をつける→あまり色が変わらない」という実験から、根からの水と葉の気孔《きこう》からの二酸化炭素を原料にして、日光の助けをかりて、葉の葉緑体で養分をつくる働き（光合成《こうごうせい》）があること。

さらに、日光をあてずに植物を育てる〝軟化《なんか》栽培〟や、植物の茎《くき》が光の向きに伸びる〝正の屈光《くっこう》性＝向日《こうじつ》性〟などの実験も大事だ。また、葉からの水の蒸散量《じょうさんりょう》について、葉の裏のほうが気孔が多いので、水が蒸散しやすいことに着目させる出題もある（私立中学入試で）。

④の「花のつくりと受粉」では、おしべ・めしべ・がく・花びらをあつかう。花粉がめしべの先につくとめしべのもとが実になり、実のなかに種子ができる。受粉では虫や風が関係しているなど、基礎的なものにとどめられる。しかし、ヘチマ・アブラナ・イネ・カボチャ・マツなどの花の断面図、アサガオの実や花粉の形、カボチャの花粉の形などを描けるように。

また、雄花《おばな》と雌花《めばな》がある単性花《たんせいか》のカボチャの受粉、なぜ「雌花に袋をかぶせると受粉しない

五年生の理科の急所 1

①種のつくり

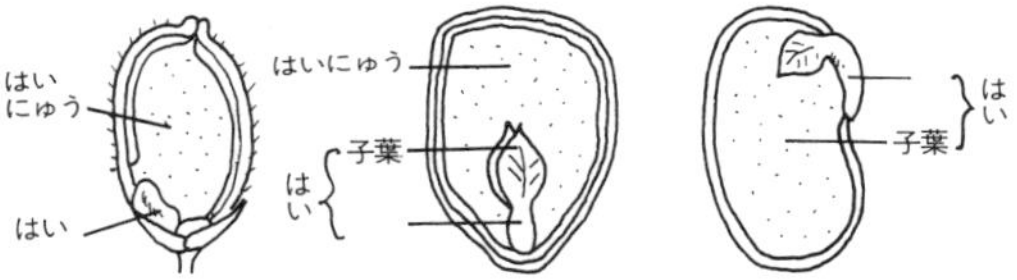

イネ　　カキ　　ダイズ

②花のつくり

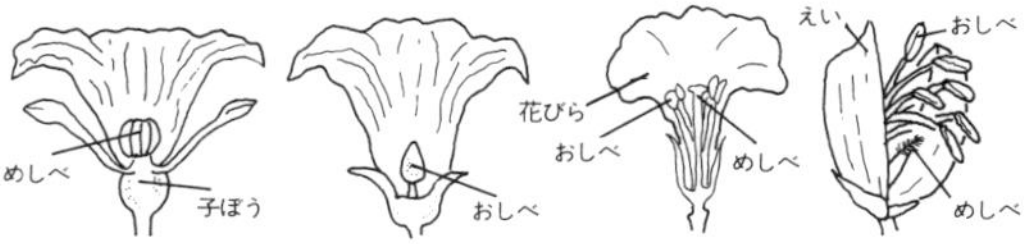

カボチャの雌花　カボチャの雄花　アサガオ　イネ

③メダカの産卵

・水温25°Cのときの卵のなかのようす

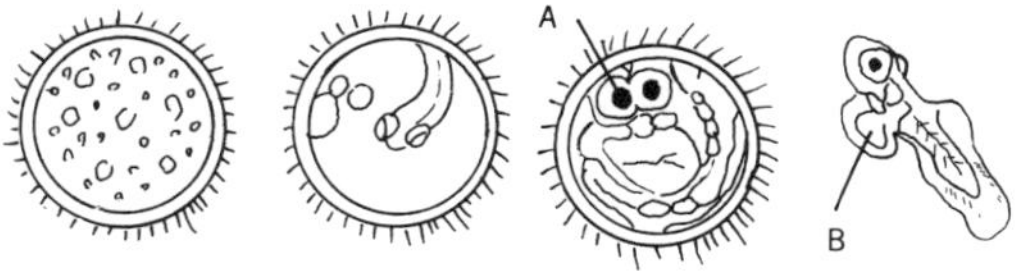

産まれたて　→　2日め　→　9日め　→　11日め

＊A＝目　　B＝養分が入っているふくろ

④カエルの育ちかた

・水温25°Cで2週間から20日くらい

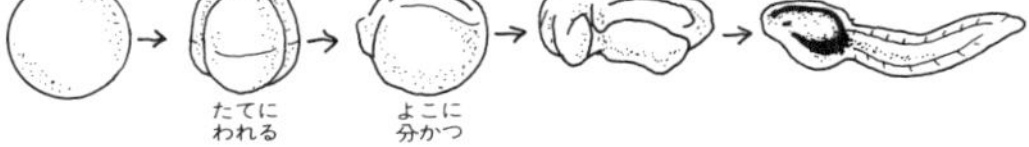

か」の実験も重要だ。五つほど花の図解を示して「ミニトマトの花の形と色は？」という設問など（私立中学入試）、身近な植物に関する問題がよく出題されるので注意させたい。

⑤の「魚の卵の育ちかた」では、メダカの産卵のようす、卵の受精《じゅせい》（体外受精）、卵の育つようすなどを学ぶ。ペトリ皿や解剖けんび鏡、双眼実体けんび鏡などをあつかいながら、水温25度での、育つ日数と卵のなかのようすの変化を図にさせるところまでやらせたい。

また、カエルや魚の育ちかたでは、トノサマガエルの誕生を順に図にする。卵の分割《ぶんかつ》から足が出る時期、オタマジャクシのえら呼吸、カエルでの肺呼吸など。サケの産卵では、サケの習性、雄と雌の形や色のちがい、孵化《ふか》した子魚《しぎょ》のようす、などをつかませる。

⑥の「人は母体内で成長して生まれる」では、受精した卵が母体内で成長して体ができていくこと、母体内でへその緒《お》を通して母親から養分をもらって成長すること、をつかませる。

中学へ移行された「水中の小さな生き物」は、動物性と植物性のプランクトン、その中間のプランクトン、食物連鎖《しょくもつれんさ》など。私立などの中学入試でねらわれるので、プレパラートのつくりかた、葉緑体による光合成をカギにする生物どうしのつながりをつかませておきたい。

物質とエネルギー――食塩水の濃さ・てこの問題を中心に

ここでは、①ものが水に溶ける量、②水の温度とものの溶けかた、③水溶液の重さ、④てこのしくみ、⑤ふりこのしくみ、などを勉強する。液量計やはかり、ろ過器具、加熱器具、温度計などを自在に使えるようにしておくこと。ただし、「蒸発乾固《じょうはつけんこ》」は中学へ移行された。

①の「ものが水に溶ける量」と②の「水の温度とものの溶けかた」では、一定温度・一定量の水に溶けるものの量にはかぎりがある、食塩は水の温度を高くしても溶ける量はあまり変わらない、ホウ酸は水の温度を高くすると溶ける量が多くなる、などをつかませる。また、いちばん濃い水溶液を飽和《ほうわ》水溶液という。食塩とホウ酸の温度によって溶ける量の変化をグラフ（タテ軸に溶解度・ヨコ軸に温度）にして溶解度《ようかいど》を読みとる練習をさせること。

また、水溶液を蒸発させるか、高い温度で溶かした水溶液を冷やすと、溶けたものがとり出せること。食塩を長時間かけて自然に蒸発させると四角い大きな結晶《けっしょう》になる、ホウ酸水溶液の温度を下げると無色のうすい六角形の結晶になる、などもつかませる（一部は中学へ移行）。

③の「水溶液の重さ」では、食塩水の重さ＝水の重さ＋食塩の重さ、食塩水の体積は水と水に溶かした食塩の体積の和より小さい、水溶液の濃度は「溶けているものの重さが、水溶液全体の重さのどれだけにあたるかという重さの割合（％）」であらわす、などをつかませる。さらに、濃い食塩水ほどものを浮かす力（浮力）が大きい、その力の大きさは沈んでいるものと同じ体積の水溶液の重さに等しいこと、などにも踏みこんでおきたい。

④の「てこのしくみ」では、てこを傾ける働きの大きさは「力点にかかるおもりの重さ×支

点から力点までの距離」で決まり、両側のてこを傾ける働きの大きさが等しいときにつり合うことをつかませる。この原則から、力の損《そん》・力の得《とく》・支点にかかる力の大きさも計算できる。また、輪《りん》じく・定滑車《ていかつしゃ》・動滑車《どうかつしゃ》などは範囲外になるが、その原理を覚えておきたい。輪《りん》じくがつり合うときに「輪にかかる力」×「輪の半径」＝「じくにかかる力」×「じくの半径」の関係が成り立つ。定滑車は力の向きを変えるが、力の大きさは変わらず、ヒモを引く距離は同じ。動滑車は力の向きは変えられないが、「ヒモを引く力」＝「おもりの重さ＋滑車の重さ」×$\frac{1}{2}$となり、ヒモを引く距離はおもりの動く距離の2倍になる（ここは私立中学入試では必出）。

⑤の「ふりこのしくみ」では、糸につるしたおもりが1往復する時間は、糸の長さによって変わる（糸の長さが4倍→周期が2倍）。おもりが速く動くほど、ものを動かす力が大きくなる。ものが速く動くほど、また、ものの重さが重くなるほど、他のものを動かす力が大きくなる、などをつかませる（ここは、ふりこ・ものの衝突のいずれかを選択する）。

地球と宇宙――天気の変化を中心に「範囲を超える」ものも

ここでは、①天気と気温の変化、②天気の変化と予想、③台風と天気・降雨、④雨水と川の流れ、⑤太陽と月の動き、⑥月の満ち欠けと太陽、などを勉強する。ただし「月の表面のようす」は削除され、「太陽の表面のようす」は中学へ移行された。

五年生の理科の急所2

⑤水溶液の濃さ

・水溶液の濃さ(%)

$$=\frac{\text{溶けているものの重さ(g)}}{\text{水溶液全体の重さ(g)}}\times 100$$

・100㎤の水に食塩30 g が溶けている食塩水の濃さは？

$$\frac{30g}{100g+30g}\times 100=23.0(\%)$$

約23%

⑥てこのしくみ

・てこのつりあい

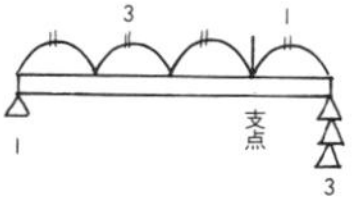

・力の損

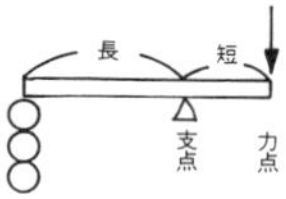

・力の得

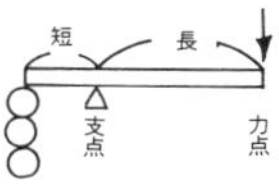

（左側のおもりの数×おもりまでの距離）＝（右側のおもりの数×おもりまでの距離）

（左に傾ける働きのすべての和）＝（右に傾ける働きのすべての和）

⑦輪じく・滑車の組み合わせ

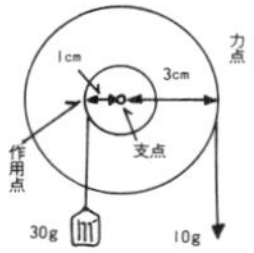

輪にかかる力×輪の半径＝じくにかかる力×じくの半径
(10×3＝30×1)

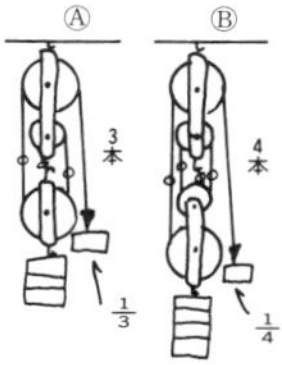

Ⓐ動滑車にかかるひもの数
3本→力は$\frac{1}{3}$

Ⓑ動滑車にかかるひもの数
4本→力は$\frac{1}{4}$

※滑車の重さは考えない

⑧天気図の記号

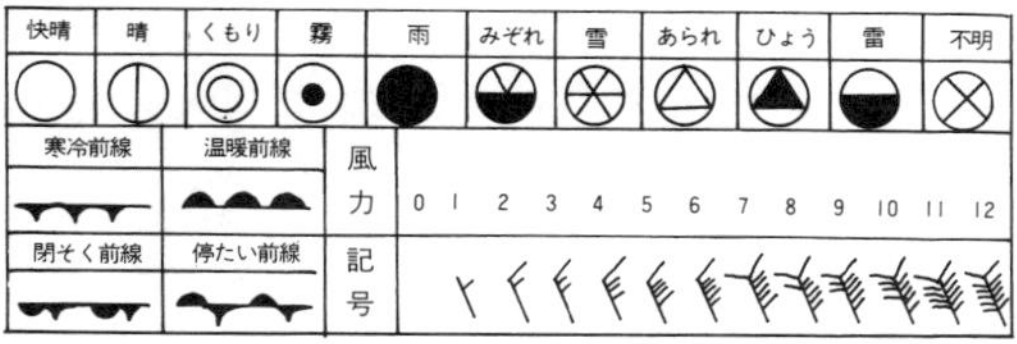

①の「天気と気温の変化」では、一日の気温の変化は〝太陽の高さの変化〟と〝地面の温度の変化〟に関係がある、晴れたおだやかな日の気温グラフは山型になる、くもりや雨の日は高低差の小さい型になる、など。また、太陽高度は〝太陽と地平面のなす角度〟であらわす。太陽高度が最大になるのは真南にきたときで（太陽の南中《なんちゅう》）、このときを12時とする、など。

②の「天気の変化と予想」では、天気はおおよそ西から東へ変化していく規則性がある、気圧とは空気が地面を押しつける力をいう（単位はヘクトパスカル）、近づく高気圧の前や中心では天気がいい、高気圧の後ろは雲が多く雨がち、低気圧が近づくと天気が悪くなる、など。また、温暖《おんだん》前線・寒冷《かんれい》前線・停滞《ていたい》前線のちがい、天気図と記号、等圧線、風は空気の対流現象である、風向と風速、風力（ビューフォート風力階級表）、雲のできかた、雲量の目安（快晴～晴れ～くもり）、四季それぞれを形容する表現（春がすみ・しぐれなど）、などをつかませる。

③の「台風と天気・降雨」では、熱帯性低気圧のうちの最大風速が毎秒17・2メートル以上に発達したものが台風であることをつかませる。台風には天気の変化の規則性があてはまらない、風は中心に向かって反時計回り、短時間に多量の雨を降らす、など。

④の「雨水と川の流れ」では、流水には地面をけずりとる・石や土を流す・積もらせる、川原や川原の土地のようすを変化させる、などの働きがあることをつかませればいい。

⑤の「太陽と月の動き」では、季節によって太陽の動き（日周《にっしゅう》運動）はちがう、春分と秋分、

夏至・冬至での太陽の動き、太陽は1時間に15度ずつ動く、などをつかませる。また、月は自転しながら地球のまわりを公転している、新月《しんげつ》・三日月・上弦《じょうげん》の月・満月（月齢14・5日）・下弦《かげん》の月などと月齢《げつれい》の関係、月は一日に東へ約12度進むので〝月の出・月の入り〟の時刻は1日に約50分ずつ遅くなる、などは私立などの中学入試によく出題されるところだ（月齢とは、新月を0として、つぎの新月までの時間を1日単位であらわしたもの）。

⑥の「月の満ち欠けと太陽」では、月の満ち欠けのようす、新月からつぎの新月までの長さを〝1朔望月《さくぼうげつ》〟という、1朔望月は月が地球を1回まわるのにかかる日数の〝1恒星月《こうせいげつ》〟より少し長い、地球の公転との関係、など（朔望月や恒星月という用語は覚えなくてもいい）。日食と月食では、皆既《かいき》日食（月食）・金環《きんかん》日食・部分日食（月食）などを区別させる。潮の満ち干《ひ》は、おもに太陽と月の引力によって海水が引かれるために起こる、などをつかませる。

学校の授業では範囲外にされていても、私立や国立の中学入試ではそれにとらわれずに出題してくる。五年生の「太陽や月の動き」、六年生の「星の動き」などがそうだが、授業でやらないから知りませんでは通用しない。学力を万全なものにするためには、まず志望校を中心にした過去問題をたくさん解いて傾向をつかむことが大切だ。はじめから高得点などねらわず、六年生の二学期末をメドに着々と力をつけていけばいいだろう。

六年生では体験と知識を結びつけて得点力を高めさせよう

生物とその環境——動植物の呼吸のしくみと光合成

ここでは、①人と動物の呼吸のしくみ、②食物の消化と吸収、③心臓と血液の循環《じゅんかん》、④植物の成長と栄養、⑤生き物とその餌《えさ》、⑥生活と自然環境、などを勉強する。ただし、「人や他の動物の体のつくり、働きの相違点」は削除され、「植物体の水や養分の通り道」と「でんぷんが成長に使われたり貯蔵《ちょぞう》されたりすること」は中学へ移行された。

①の「人と動物の呼吸のしくみ」では、体内に酸素をとり入れて二酸化炭素を排出する、吸う息と吐く息のちがいの実験には石灰水を用いる、吸う息と吐く息では酸素と二酸化炭素のほかに窒素《ちっそ》と水蒸気《すいじょうき》も変化する、呼吸のさいの肋骨《ろっこつ》や横隔膜《おうかくまく》・気管と気管支《し》・繊毛《せんもう》・肺胞《はいほう》・肺静脈《じょうみゃく》と肺動脈《どうみゃく》の働き、などもあわせて整理させたい（肺胞は気管支の最終枝についた袋で、その壁を通して呼吸ガスと血液内ガスの交換が行なわれる）。

また、脊椎《せきつい》動物で一生をエラ呼吸ですごすのは魚だけ。エラブタのなかにはエラがたくさん並び、表面積を広げている。エラにはたくさんの血管が集まっていて、その表面を流れる水から酸素をとり入れ、二酸化炭素を出す、など。

さらに、陸上生活をする脊椎動物はどれも肺呼吸をする。組織やしくみの進んだ動物ほど小さな肺胞《はいほう》に分かれる、カエルなどの両生類は肺と皮膚《ひふ》で呼吸する、二枚貝や甲殻類《こうかくるい》はエラで呼吸する、昆虫は気管で呼吸する、ミミズなどの環形《かんけい》動物は体表《たいひょう》で呼吸する、など。

②の「食物の消化と吸収」では、でんぷんが唾《だ》液によって糖分に変わる、養分は「小腸の柔《じゅう》毛《もう》→毛細血管→静脈→心臓→肺→心臓→動脈→全身」という経路でいきわたる、吸収されなかったものはフンとして肛門から排出される、など。

人の消化器官と消化液の種類では、口→唾液、胃→胃液、十二指腸→胆《たん》液・膵《すい》液、小腸→腸液、など。消化液の働きによる分解では、でんぷん→ぶどう糖、たんぱく質→アミノ酸、脂肪→脂肪酸・グリセリン、など。

また、骨と筋肉はあまり重視されないが、人の骨は骨髄《こつずい》・緻密質《ちみつしつ》・海綿体《かいめんたい》でできている、緻密質の外には骨膜《こつまく》と軟骨《なんこつ》がある、骨のつながりかたには縫《ぬ》い合わせ・軟骨結合・関節などがある。筋肉には横紋筋《おうもんきん》と平滑筋《へいかつきん》がある、平滑筋は胃・腸・血管などを同じリズムでずっと動かしている、など。昆虫やエビ・カニなどの節足《せっそく》動物は体の外側がかたい殻でおおわれ（外骨格《がいこっかく》）、その内側の筋肉が体を動かしている、なども押さえさせたい。

③の「心臓と血液の循環」では、人の心臓は二心房《しんぼう》二心室《しんしつ》、その働きは全身へ脈拍《みゃくはく》として

伝わる、肺循環と体循環、動脈と静脈、血液の組成は赤血球・白血球・血小板《けっしょうばん》・血漿《けっしょう》（その形のちがいを図解させる）、ヘモグロビンと白血球の働き、などをつかませる。

その他の動物の心臓のしくみは範囲外だが、哺乳《ほにゅう》類と鳥類が二心房二心室、爬虫《はちゅう》類も二心房二心室だが心室の壁が不完全、両生《りょうせい》類は二心房一心室、魚《ぎょ》類は一心房一心室となっている。

④の「植物の成長と栄養」では、植物の葉に日光があたるとでんぷんができる（光合成）、生きている植物体や枯れた植物体は動物によって食べられる、生物は食べ物や水、空気を通して周囲の環境とかかわって生きている、などを押さえさせる。

まず、ジャガイモは〝くぼみ〟から発芽し、〝芽のもと（つけ根）〟から根が出る。1個のイモにはいくつもの〝くぼみ〟があり、それぞれを切り分けて植えると、その大きさに関係なく芽に育つ。種イモのなかのでんぷんが、芽が出て育つときの養分になり、養分を吸いとられた種イモは地中でしぼみ、ヨウ素反応はほとんどなくなる、などの観察をしっかりやらせる。

ふつうは、気温が13度以上になる3月～4月頃に〝種イモ〟を植える。ほぼ85日たった6月～7月頃に新しいイモが育ち、地中の茎《くき》からのびた細い茎の先にできた新しいイモを塊茎《かいけい》という。たくわえられたでんぷん（貯蔵でんぷん）は水に溶けず、水を入れて熱すると〝でんぷんのり〟になる。また、サツマイモは茎を切って植え、茎のふしから出た根（塊根《かいこん》）がふくらむ、というちがいがある（でんぷんの貯蔵などは範囲外だが、中学入試によく出題される）。

六年生の理科の急所1

①消化液と食べ物の消化

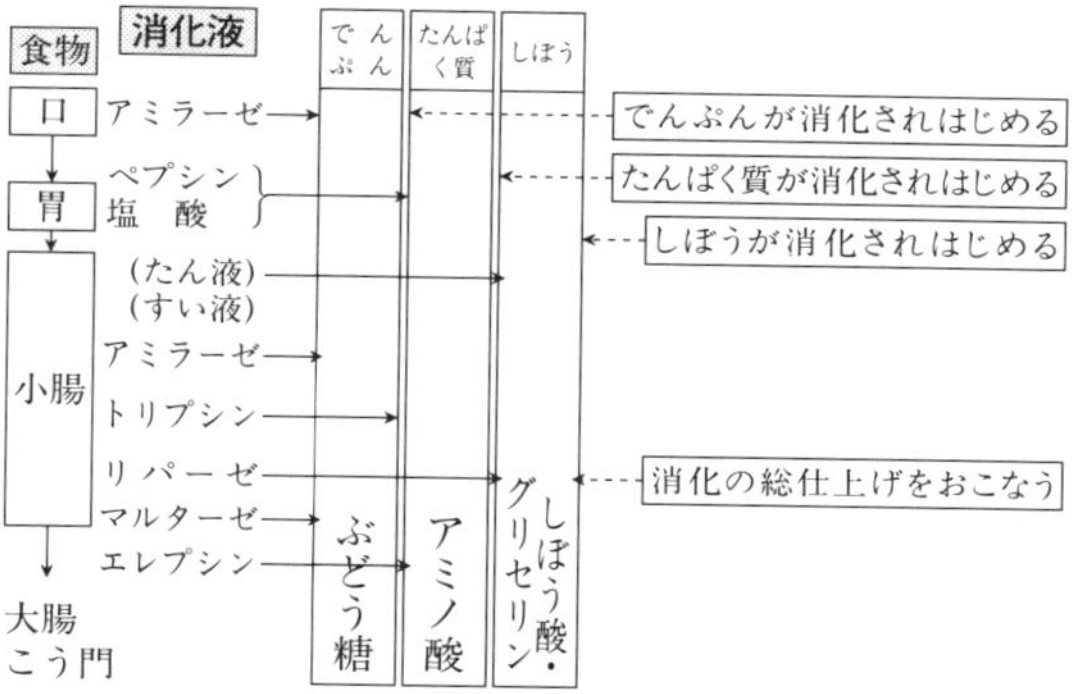

②植物の呼吸作用と光合成

・呼吸作用

1) 空気中の酸素をとり入れ二酸化炭素を出す
2) 昼夜休みなく行なう
3) 植物体の一部を分解する
4) 熱を生じる
5) どの部分でも行なう

・光合成

1) 空気中の二酸化炭素をとり入れ、酸素を出す
2) 日中だけ行なう
3) でんぷんをつくる
4) 熱は出さない
5) 緑色の部分で行なう

③エンドウの根のつくり

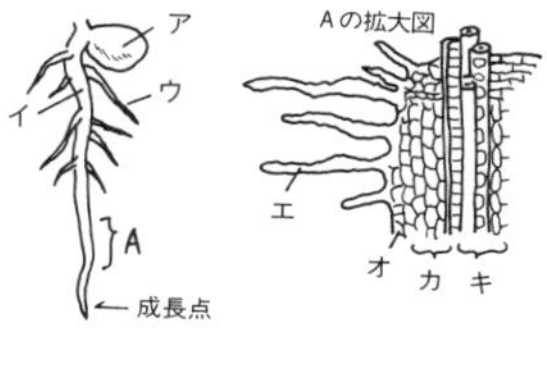

ア→子葉　オ→表皮
イ→主根　カ→皮層
ウ→側根　キ→道管
エ→根毛
＊生長点→
　細胞の分裂がさかん

アサガオの葉を使ったでんぷんの実験では、日光によくあてた葉と、あたっていない葉を用意する。葉を湯にひたしてやわらかくする↓温めたアルコールに入れて葉の緑色をとる↓葉を水でよく洗う↓ヨウ素液にひたす。なぜこの手順になるかを説明できるようにさせる。

植物の光合成は、炭酸同化作用ともいう。葉の葉緑体という工場で、根からの水と、葉の気孔からの二酸化炭素（炭酸ガス）を原料に、日光を動力にしてでんぷんという製品をつくる。でんぷんは植物の成長のために使われ、余ったものはイモや種子にたくわえられる。また、発生した酸素は気孔から空気中に出される。

電灯の光での実験では、㋐光が強いほど、㋑二酸化炭素の量が多いほど、㋒ある範囲内で温度が高いほど、光合成がさかんになることがわかる。

また、植物はおもに葉の気孔から酸素をとり入れ、二酸化炭素や水蒸気を外に出す呼吸作用をする。水蒸気の蒸散《じょうさん》は日中に多く、呼吸は休みなく行なわれる。吐き出される二酸化炭素の量は日中に光合成で使われる量よりも少ないので、呼吸作用は夜のほうが目立つ。

つぎの「植物体の水や養分の通り道」の一部は範囲外だが、系統的な理解を深めるためにやっておきたい。根の働きでは、根毛《こんもう》、双子葉《そうしよう》植物の主根《しゅこん》と側根《そくこん》、単子葉植物のひげ根《ね》、根の先の根冠《こんかん》、新しい細胞をつくりだす生長点《せいちょうてん》、など。根の働きでは、植物の体の80％は水で、その水が養分を運ぶ。養分の濃さが植物内の濃度より低いときに、根から吸収する。

また、根からの水（と養分）の通り道である道管《どうかん》（茎の内側）と、でんぷんを運ぶ師管《しかん》（茎の外側）のちがい。双子葉植物は形成層《けいせいそう》があり、茎が大きく太くなる。単子葉植物は形成層がないので、長くはなるが、茎はあまり太くならない、なども押さえておきたい。

葉のつくりと水の蒸散では、根からの水→道管を通って葉へ→葉の水が日光を受けてでんぷんをつくる→残りの水は葉の表面から水蒸気となって蒸散する→体の熱を下げる→根が水を吸い上げる、というしくみになっている。また、気孔《きこう》は葉の裏側に多い、気孔とは二つの三日月形の孔辺《こうへん》細胞のあいだのすきまをいう、蒸散の量は気孔の開閉によって調節される、など。

⑤の「生き物とその餌」では、植物を食べるのは昆虫や牛・馬などの家畜動物、枯れた植物体を食べるのはダンゴムシなどの節足動物、枯れ草を食べるのは草食性の哺乳動物、など。

⑥の「生活と自然環境」では、自然界を循環する水、生物の呼吸と光合成の調和などを押さえさせる。自然界を循環する水はさまざまな形で移動するが、その量はつり合っている。植物を生産者、動物を消費者とすると、微生物は分解者になり、三者はバランスをとっている。

物質とエネルギー――水溶液・ものの燃えかた・電磁石のしくみ

ここでは、①水溶液の性質、②気体の水溶液、③水溶液と金属の変化、④ものの燃えかたと空気、⑤電磁石のしくみと電流、などを勉強する。ただし「植物体の乾留《かんりゅう》」は削除され、

「中和《ちゅうわ》」と「金属の燃焼」「電流による発熱」は中学へ移行された。

①の「水溶液の性質」では、青色リトマス紙→赤色＝酸性、赤色リトマス紙→青色＝アルカリ性、色の変化がない＝中性となる。もともと緑色のＢＴＢ液は酸性で→黄色、アルカリ性で→青色、中性で→緑色のまま。無色透明のフェノールフタレイン液は酸性と中性で→無色のまま、アルカリ性で→赤色。そのほか、ムラサキキャベツの指示薬のつくりかたも整理させる。

水溶液の味では、酸性→すっぱい、アルカリ性→にがい、中性→味では見分けにくい、など。酸性・アルカリ性・中性のおもな物質、希《き》塩酸と水酸化ナトリウム水溶液、を整理させる。

②の「気体の水溶液」では、二酸化炭素が溶けた水溶液→炭酸水、塩化水素が溶けた水溶液→塩酸、アンモニアが溶けた水溶液→アンモニア水であることから、「気体は温度が低いほど、圧力が大きいほど、水によく溶ける」ことをつかませる。

実験では、炭酸水から出るあわ→二酸化炭素、石灰石にうすい塩酸をそそぐ→二酸化炭素が発生、二酸化炭素はよく水に溶ける、二酸化炭素は温度を下げて圧力をかけるともっとよく溶ける、を勉強する。気体の集めかたなどの手順をしっかり整理させたい。

また、気体の溶ける量と温度は反比例の関係にあり、いっぱんに個体の溶ける量と温度は正比例の関係にあるが、食塩は温度を上げても溶ける量はあまり変わらない、など。

③の「水溶液と金属の変化」では、うすい塩酸（酸性）に金属片を入れる実験をする。鉄、

六年生の理科の急所 2

④二酸化炭素のつくりかた

・水上置換法

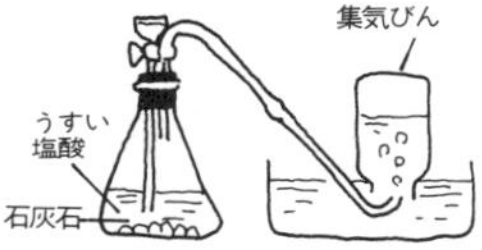

・二酸化炭素の性質

1) 色・におい・味がない
2) 空気の約1.5倍の重さ
3) 水によく溶ける
4) 石灰水を白くにごらせる
5) ものが燃えるのを助ける働きがない

⑤ろうそくの燃えかた

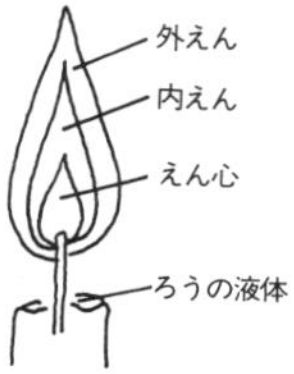

外えん→空気にふれてよく燃える
内えん→炭素のつぶが熱せられ光る
えん心→ろうが気体になる

⑥右手の法則・右ねじの法則

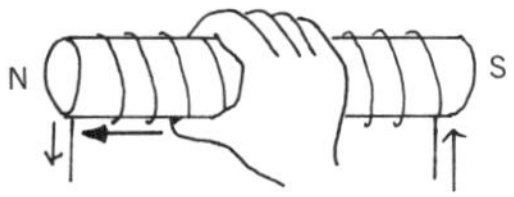

親指の向きがN極

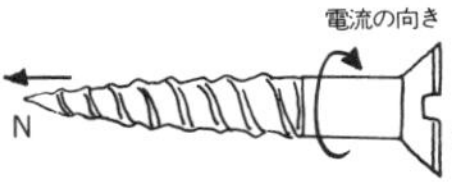

右ねじの進む向きがN極

⑦ジュールの法則

・ジュール熱→電流によって発生する熱

{ 電圧・時間が一定のときは電流が大きいほうが
{ 電流・時間が一定のときは電圧が大きいほうが

➡発熱量は大きい　（電圧×電流×時間）に比例する

・また、発熱量は、電流×電流×時間×$\frac{\text{電熱線の長さ}}{\text{電熱線の断面積}}$に比例するアルミニウム、マグネシウム、亜鉛《あえん》などは表面から水素のあわを出し、反応の熱で水溶液が熱くなる。だが、銅や鉛《なまり》は変化しない。また、うすい水酸化ナトリウムの水溶液（アルカリ性）にアルミニウム片を入れると、表面からあわ（水素）が出て、発熱する。だが、鉄や銅は変化しない。亜鉛と錫《すず》は温度の高い水酸化ナトリウム水溶液には溶ける。

また、いっぱんに水溶液が濃く、温度が高いほど金属の変化ははげしいが、亜鉛とリュウ酸の場合は濃度がうすいほうがよく水素が発生する。酸性とアルカリ性のどちらにも反応するアルミニウム、亜鉛、錫などを両性金属という、など。

ここでは範囲外の「中和」も知っておきたい。酸性とアルカリ性の水溶液をまぜると、互いに性質を打ち消し合って反応し、もとの性質とちがうものができることを中和といい、完全に中和すると水溶液の性質は中性になる（水と塩《えん》を生じる）。だが、酸性やアルカリ性の水溶液に中性の水溶液（食塩水など）を加えてもまじり合うだけで、液体の性質は変わらない。

④の「ものの燃えかたと空気」では、ものが燃えるためには、㋐燃えるものがある、㋑新しい空気がある、㋒発火点以上の温度になる、の三つの条件がそろうこと。ものが燃えるために使われる気体は酸素で、燃えたあとに新しくできる気体は二酸化炭素である、など。

石灰水が白くにごるかどうかで酸素と二酸化炭素の存在をチェックし、気体検知管を使って酸素と二酸化炭素の割合の変化を調べる、などの実験も重要だ。また、空気全体積の約$\frac{1}{5}$

は酸素で、約$\frac{4}{5}$は窒素《ちっそ》（無色、無臭、水に溶けにくい、空気より少し軽い）、窒素にはものが燃えるのを助ける働きがない、など。

酸素を発生させるには、うすい過酸化水素水を二酸化マンガンにそそぐ、二酸化マンガンはしょくばい（触媒）の働きをする、水上置換《ちかん》法で集める、という手順になる。酸素は色やにおい、味がない気体で、ものが燃えるのを助ける働きがある、など。また、二酸化炭素を発生させるには、石灰水にうすい塩酸をそそぐ、水上置換法または下方置換法で集める、という手順。二酸化炭素は色やにおい、味がない気体で、ものが燃えるのを助ける働きがない、など。

植物体の燃えかたでは、ろうそくの実験をやる。ろうは〝ろうの気体（無色）〟になったときに初めて燃える、燃えると水蒸気と二酸化炭素ができる、ほのおは、色・明るさ・温度のちがいから外炎《がいえん》・内炎《ないえん》・炎心《えんしん》に分けられる、などを図解できるようにする。

木は、木を熱する→木《もく》ガスが出る→木ガスが燃える、となる。空気をさえぎって木をむし焼き（乾留《かんりゅう》）すると、水蒸気が出る→白いけむり（木ガス）が出る→褐色の液体（木タール）と黄色い液体（酸性の木さく液）が出る→木炭、となる（乾留は削除されたが知っておきたい）。

つぎの「金属の燃焼」は中学へ移行されたが、私立中学などの入試向けにまとめておく。鉄や銅を空気中で熱すると別のものに変わる、空気にふれないで熱すると変わらない、などだ。

まず、加熱前の鉄片は電流が流れるが、空気中で加熱したあとの鉄片は電流が流れない。加熱されたことで鉄片が酸素と結びつき、表面に黒さび（四酸化三鉄）ができたせいだ。その鉄片を塩酸に入れると反応し、黒さびが溶けるので、ふたたび電流が流れるようになる。つぎに鉄片を空気にふれさせないようにアルミ箔《はく》で包んで加熱すると、変化しない。

⑤の「電磁石のしくみと電流」では、電流の流れている導《どう》線《せん》には磁力がある、円形導線（コイル）に電流を流すと電磁石になる、電磁石の磁力は円形導線（コイル）の巻き数や電流の大きさで変わる、電磁石の利用のいろいろ、などを勉強する。

直線の導線と磁力の向きは、手のひらを下に向け、下に方《ほう》位《い》磁《じ》針《しん》をおき、あいだに導線をくぐらせて電流を手前から向こうへ流すと、親指の向きに磁針のＮ極側の針がふれる。

反対に、手のひらを上に向け、その上方に方位磁針をおき、あいだに導線をくぐらせて電流を手前から向こうへ流すと、やはり親指の向きに磁針のＮ極側の針がふれる。つまり、磁針のふれる向きは、電流の向きや磁針のおきかたで変わることがわかる。また、円形導線（コイル）では、磁石（永久磁石）のまわりにおいた磁針のふれかたと同じになる。

電磁石の極を電流の向きで見つけるには、右手の親指を直角に開き、手の甲《こう》を見ながらコイルをにぎると、小指のほうから電流が流れているときは、親指の向きがＮ極（右手の法則＝フレミングの法則）になる。また、右ねじを電流の向きにまわすと、ねじの進む方向がＮ極になる（右ねじの法則＝アンペールの法則）。

六年生の理科の急所 3

⑧酸性・アルカリ性・中性の物質

酸性	炭酸水　ホウ酸水　す　塩酸　リュウ酸 ショウ酸　りんご　みかん　なし　だいこん
アルカリ性	石灰水　アンモニア水　水酸化ナトリウム 灰じる　石けん水　じゃがいも　海そう
中性	食塩水　砂糖水　アルコール　水　お茶

⑨水溶液と金属の反応

うすい塩酸と金属の反応

うすい塩酸	＋	鉄	→	塩化鉄	＋	水素
うすい塩酸	＋	アルミニウム	→	塩化アルミニウム	＋	水素
うすい塩酸	＋	マグネシウム	→	塩化マグネシウム	＋	水素
うすい塩酸	＋	あえん	→	塩化あえん	＋	水素
うすい塩酸	＋	銅	→	変化なし		
うすい塩酸	＋	なまり	→	変化なし		

うすい水酸化ナトリウム水溶液と金属の反応

うすい水酸化ナトリウム	＋	アルミニウム	→	アルミン酸ナトリウム	＋	水素
うすい水酸化ナトリウム	＋	鉄	→	変化なし		
うすい水酸化ナトリウム	＋	銅	→	変化なし		
うすい水酸化ナトリウム	＋	あえん	→	変化なし		濃い水溶液にはとける。
うすい水酸化ナトリウム	＋	すず	→	変化なし		濃い水溶液にはとける。

⑩水溶液の種類と中和

まぜ合わせる薬品		中和してできるもの
酸　性	アルカリ性	
塩　酸	水酸化ナトリウム水溶液	塩化ナトリウム(食塩)＋水
塩　酸	アンモニア水	塩化アンモニウム＋水
塩　酸	石灰水	塩化カルシウム＋水
リュウ酸	アンモニア水	リュウ酸アンモニウム＋水
リュウ酸	石灰水	リュウ酸カルシウム＋水
ショウ酸	水酸化ナトリウム水溶液	ショウ酸ナトリウム＋水
ショウ酸	水酸化カリウム水溶液	ショウ酸カリウム＋水
炭酸水	石灰水	炭酸カルシウム＋水

電磁石の磁力の性質は、㋐電流の大きさと導線全体の長さが同じとき、コイルの巻き数が多いほど磁力が強い、㋑コイルの巻き数と導線の太さが同じとき、電流が大きいほど磁力は強い、㋒コイルの巻き数と電流の大きさが同じで導線の太さがちがうとき、太い導線ほど磁力が強いが、鉄芯《てつしん》のあるもののほうが磁力が強く、芯が太いほうが磁力は強い、など。

また、U形と棒形の電磁石とでは、コイルの巻き数や電流の大きさが同じであれば磁力にちがいはない。だが、U形の電磁石は両極が同じ向きなので磁力が同時に働くため、引きつける力は強くなる、など。電流計のしくみと使いかた、モーターの整流子《せいりゅうし》・電機子《でんきし》（回転する電磁石）・界磁《かいじ》（固定された磁石）のしくみ、などを実験を通してつかませる。

つぎの「電流による発熱」は範囲外だが、基本的なものは知っておきたい。まず、電熱線にニクロム線や鉄クロム線が用いられるのは、電気を通しにくく発熱しやすいのが理由だ。電気の通しにくさを電気抵抗といい、同じ物質でのその値は、導線の長さに比例し、太さに反比例する。つまり、電熱線に流れる電流が大きいほどよく発熱し、電熱線の長さが長いほど、また、電熱線の太さが細いほどよく発熱する（反比例は範囲外だが理解すること）。

地球と宇宙――土地と地層を中心に「範囲を超える」ものも

ここでは、①土地と地層のできかた、②噴火や地震と土地の変化、などを勉強する。ただし

「堆積岩と火成岩」「北天・南天の星の動き」「全天の星の動き」は中学へ移行された。

①の「土地と地層のできかた」では、土地は礫《れき》・砂・粘土・火山灰・岩石（礫岩・砂岩・泥岩など）でできていて、層をつくって広がっているものがある、地層のしま模様から一つの地層は同じ種類のものでできていることがわかる、地層を調べることをボーリング（調査法）という、いくつかの場所のボーリング資料を一つの図にしたものを地質柱状図《ちゆうじようず》という、など。

流水の働きには、浸食《しんしよく》・運搬《うんぱん》・堆積《たいせき》の三つがある。石・砂・粘土などが川の水によって海へ運ばれ、角がとれて丸くなり、小石↓砂↓粘土の順に粒《つぶ》の大きいものから積もっていく。その上に、堆積が長い年月のあいだに何度も繰り返され、何層もの地層ができる。

火山の噴火による地層は、火山灰や角ばってゴツゴツした火山岩でできていて、小石のなかにガラス状のものや結晶（規則正しい形）・小さい穴（ガスが抜けたあと）などが見られる。火山灰による地層には、関東平野の関東ローム層や鹿児島のシラス台地などがある。

また、地層が長い年月のあいだに持ち上げられることを隆起《りゆうき》、地層が曲がることを褶曲《しゆうきよく》、食いちがっている地層のことを断層《だんそう》という、など。

②の「噴火や地震と土地の変化」では、火山の噴火による変化と、地震による変化から、どちらかを選択して学習する。火山の噴火では溶岩《ようがん》の流れ、火山灰の噴出、など。地震では地割《じわ》れ、断層の出現、崖《がけ》くずれ、など。映像や資料を活用してまとめさせるといい。

範囲外の「堆積岩《たいせきがん》と火成岩《かせいがん》」では、粒《つぶ》が地層の重みによって固まったものを堆積岩ということ。礫岩・砂岩・泥岩のほか、粘板岩《ねんばん》・石灰岩《せつかい》・凝灰岩《ぎようかい》などがある。堆積岩には化石がふくまれることがあり、それを地層がつくられた時代を決める標準化石（示準《しじゅん》化石）という。陸上の植物が地層にとじこめられて圧力がかかって化学変化したもの→石炭。生物の死骸《しがい》がまざり合って圧力と熱によって化学変化したもの→石油、など。

火成岩はマグマが冷えて固まったもので、溶岩・火山礫《れき》・安山《あんざん》岩・花崗《かこう》岩・石英斑《せきえいはん》岩などに分けられる。また、変成岩は地下に埋もれていた火成岩や堆積岩が温度や圧力によって変質してできたもので、ある方向にはがれやすい性質がある。結晶片《けつしようへん》岩・片麻《へんま》岩のほかに、石灰岩が熱のためにふたたび結晶になった大理石《だいりせき》、などを整理させる。

最後に、範囲外とされる「北天・南天の星の動き」と「全天の星の動き」を考えておく。私立や国立の中学入試によく出題されるところなので、油断しないでもらいたい。

まず「星座や星の明るさ」では、星の等級は見かけの明るさによって一等星から六等星までに分けられる、星の色がちがって見えるのは表面温度のせい、温度の高いものから青白→白→うす黄→黄→だいだい→赤となる、など。

恒星とは自分から光を出しているもの、惑星は地球の仲間の星で、自分では光を出さずに太陽の光を反射している、など。すい星も太陽のまわりを回っているが、その回りかたがちがい、

六年生の理科の急所 4

⑪地層の積み重なりかた

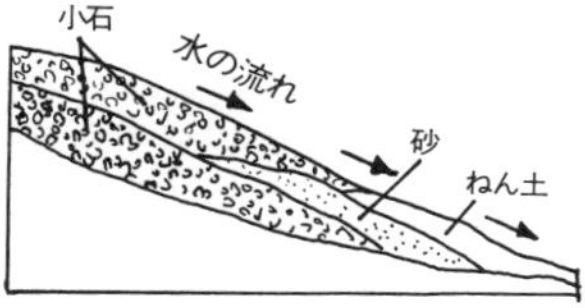

・つぶの大きいものから速くしずみ、軽いものほど遠くまで運ばれる

⑫堆積岩の種類

種　類	できかた	性　　質
れき岩	小石・どろが固まった	粒があらい
砂岩	砂が固まった	ざらざらした手ざわり
泥岩	ねんどが固まった	割れやすい
粘板岩	泥岩がおし固められた	うすく割れやすい
石灰岩	生物の石灰分や、水にとけた石灰分が固まった	灰白色でつるつるしている（うすい塩素に溶けて二酸化炭素を出す）
凝灰岩	火山灰や砂などが固まった	もろくてやわらかい

⑬北斗七星の動き

・北の空の星は北極星を中心に東から西へ（左まわり）１時間に15度動く
・Ａ→Ｂ→Ｃはそれぞれ３時間ごとの動きをあらわす

⑭北極星の見えかた

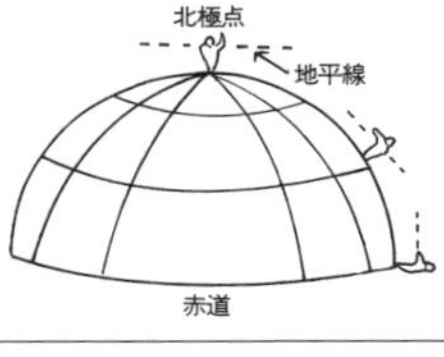

・**北極星の高度**
＝その土地の緯度

赤道→０°　沖縄→27°
大阪→35°　東京→36°
稚内→45°　北極→90°

太陽に近づくと、太陽と反対側に〝尾《お》〟がのびるので〝ほうき星〟とも呼ばれる。

つぎの「星の動き」では、私たちになじみが深い北天の星を重視するといい。北の空の星は北極星を中心にして左まわり（反時計まわり）に動き、その速さには規則性がある、が急所だ。北の空のカシオペヤ座や北斗七星は、北極星（こぐま座のアルファ星）を中心にして、1日で1周（360度）する。つまり、1時間では15度動く。

また南の空のオリオン座は、東から西（時計まわり）へ、円を描くように動くことに気づかせるといい。つぎに、北をあたまに地面にあお向けに寝て天球を見上げ、真上の星は全体に東から西へ、東の空の星は東の地平線からななめ右上へ太陽が昇るように動き、西の空の星は南の空から右下へ太陽が沈むように動く、などをわからせる。

また「季節と星座」では、北の空では、おおぐま座（北斗七星）、こぐま座（北極星）、カシオペヤ座、ケフェウス座、りゅう座などを一年じゅう見ることができる。北極星はいつもほぼ真北（正確には天の北極から1度はなれている）にあり、北極星の高度＝その土地の緯度となる。つまり、北極（北緯90度）では真上に見え、赤道（緯度0度）ではほぼ水平線の高さに見える。

1日の星の動きは、地球が自転しているための〝見かけの運動〟で、同じ星が同じ場所に見える時刻は、1日に4分ずつ早くなる。また、季節とおもな星座では、四季の代表的な星座を覚えさせ、〝夏の大三角形〟と〝冬の大三角形〟を押さえさせればいいだろう。

第6章

『得点力を伸ばすコツ』と『塾のかしこい利用法』

得点する力を身につけてテストに強くさせよう

「時間のくふう＝勉強のくふう」だと気づかせる

家庭学習は一モジュール（十五分）を単位にして、学年が進むごとに少しずつ増やしていくとムリがない。だが、それは目安なのだから、場合によっては五分や十分でもいい。時間の長さにしばられると義務感ばかりが大きくなるので、一方的に決めつけないほうがいい。

それよりも、どうすれば短い時間で終わらせることができるか、そのためにはどこから手をつければいいかを、子供たちにくふうさせることのほうが大事になる。つまり、時間をどうやりくりするかを考えはじめたときから、すでに子供たちの勉強はスタートしているのだ。

遊びたいのをガマンして机に向かっても、あたまに入らない。その反対に、遊んでばかりいると勉強が気になるので、心底から楽しくない。どんな子供たちも、こうしたジレンマを体験している。個人差はあるが、勉強を「やらなければ……！」という気持ちを持っているからこそ板ばさみになる。大人であろうが子供であろうが、やる気のない者は悩んだりしない。

もっと遊びたいから、時間をくふうしよう！　という気持ちを尊重して、まず自分で計画を立てさせてみる。失敗したら、もう一度やらせる。何度も失敗させて「このやりかたではダメだ！」と実感させたうえで、考えるためのヒントを与えてやればいい。

とかく子供たちは「あれもこれも！」と欲ばりがちなので、どちらを先にやるか決められないことがある。そんなときは、「食事と歯みがきはいっしょにはできない」「ものはよく噛んでから飲みこむので栄養になる」などと話してみるのもいい。ものを達成するためには優先順位をつける必要がある、その順位にそってひとつずつ解決するしか方法はない――こうしたものごとへの対処法の「いろは」に気づかせると、自信を持って勉強にのぞめるようになる。

勉強を先にするか、遊びを先にするか。食事前にすませるか、食事のあとにするかなど、くふうしだいで時間をうまく活用できることがわかると、それは勉強のやりかたのくふうにも通じることに気づく。つまり、生きた体験のなかにすべてのカギが隠されているのだ。

理科では、観察や実験のやりかたの手順そのものが問題解決へのヒントになるが（第5章を参照）、そうした意味合いをパッとつかむことができるのは、自分でくふうして時間をやりくりしながら、それと同時に、勉強のやりかたも自分でくふうした子供たちなのだ。

「勉強法のヒント」を与えて自分でやりかたを修正させよう

以下では勉強のやりかたのヒントを考えていくが、頭ごなしに指示したりせず、小刻みにヒントを与えてみて、そこから先は子供に任せてみること。体験のなかから自分でコツをつかませることが大切なので、やりかたを修正していくのを見守ってやればいいのだ。

◎教科書の復習は、そのつど基礎からはじめさせる

これは運動の前にウォーミングアップが欠かせないのと同じで、前のほうの基礎をさらうことで「わからない」をゼロにして、「勉強あたま」を少しずつ加熱させるのがねらいだ。例題などがはやく正確にできるようになると、「それは何のために？」という流れがつかめるので、いまの授業のポイントをしぼることもできる。あとは、いまの問題を集中的にやらせる。

◎教科書などの目次をザーッと読ませて全体をつかませる

前に戻るだけではなく、これから先は何を学習するのかをつかませておく。ただ道を歩かされるのではなくて、どこへ行くための、どんな道なのかをはっきりさせるのだ。目的と道筋がわかっていると、自分がどこまで進んだかがつかめるし、ちょっと息をつくこともできる。また、「何のために？」と迷うことがないので、終わったときの達成感も大きくなる。

◎低学年から中学年にかけては復習だけで十分

いちばん大事なのは「復習グセ」をつけることなのだから、低学年ではそれだけでいい。先どり学習は子供たちを「わかったつもり」にさせるが、それを本物に育てるのは復習なのだ。「つもり」の段階でストップすると授業に集中できなくなることが多いので、三年生も復習だ

ヒントを与えて自力で解決させると学力が伸びる！

けでいい。だが、四年生あたりになると逆に「わかったつもり」がやる気を育てるので、塾での先どり学習なども予習とみなしたうえで、「予習4・復習6」などの比率でもいい。

◎「塾→予習・学校→復習」も悪くない

四年生以上になってどんどん先へ進む塾へ通っている場合は、塾での先どり学習で予習を終えてしまい、学校の授業を復習にするやりかたも有効になる。ただし、学力に盲点が生じるとまずいので、家庭学習では学校の復習をメインにさせること（塾の利用法を参照のこと）。

◎高学年では図にまとめると急所がわかる

図であらわされたものは一発でその急所をつかむことができる。その逆に、自分で図を描くためには、余分なものをはぶき、わかりやすくするくふうをしなければならない。つまり、十分にわからないと図にできないが、いざ作図に成功すると一気に急所がつかめる。また、文章を読むときや先生の話を聞いたときは、「わかる」だけで終わらせずに、自分で図を描いてみて、視覚を通して脳にきざみこんでいくと、効率よく覚えることができる。

◎「理解もの」と「ドリルもの」とを交互にやらせる

内容を「わかる」にさせるには、いわゆる「理解もの」の教科書や参考書でいい。だが、その理解を本物にするには「ドリルもの」をやらせて「できる」につなげる必要がある。両者を交互にやらせるとアキがこないし、「わかる」と「できる」では頭脳の使いかたがちがうので、あたまが活性化して、きわめて効率がよくなるのだ。

◎マーキングすると、記憶がよみがえりやすい

教科書などの公式や重要語句などを蛍光ペンなどでマークさせていくと、その作業によって注意力が高まる。また、復習のときはそのマークを目で追うだけでいいので速く読めるし、前後のつながりも視覚でとらえられるので、記憶に残りやすい。

国語の辞書にも、もったいながらずにマークさせたい。つぎに読んだときに以前に調べた記憶がよみがえってくるし、何度も引くようであれば、その語句や熟語が重要であることもわかる。問題集を解く場合も同じで、前回にかかった解答時間や、少しむずかしい、非常にむずかしいなどの難易度別に赤や青のマークをつけておくと、つぎの復習のときの目安になる。

◎一題ごとに答え合わせをすると「勉強あたま」が持続される

問題がいくつもあるテスト形式のものは、その制限時間を守り、まとめて答え合わせするのが原則だ。だが、順に一題ずつ解いていくときは、あとでまとめて答え合わせするよりも、一題ごとに解答をチェックしたほうがいい。正答したかどうかに関係なく、時間がたつと問題を解いたときの「勉強あたま」が冷めてしまい、記憶にきざみこまれにくくなるからだ。

一題ごとにチェックして、正答していれば先へ進む。まちがっていれば、すぐにやり直しさせて、その場で決着をつける。そのほうが楽しいので、効率がグンとよくなる。

「わかる・できる」はテストに強くなることで達成できる

三年生の後半頃から目立ちはじめるのは、自分では「わかる」つもりなのにテストで得点できないという悩みだ。そうしたタイプの特徴は、どこかでカンちがいしているのを自分で気づいていない、解きかたを丸暗記しているだけで応用がきかない、この二つにまとめられる。

前者は、説明されると「わかる」ので、そこで手作業をやめてしまうタイプだ。身体に覚えこませる練習のなかでカンちがいは直せるのに、その手前で安心してしまうので「できる」に手がとどかない。後者は、例題などの解きかたを暗記するだけで「できる」つもりになるタイプだ。その解きかたを逆から用いたりする練習をしないので、応用がきかないのだ。

どちらも「わかる→できる」と「できる→わかる」の橋わたしがうまくいっていない。つまり、どちらもテストできちんと結果を出すための家庭学習をやっていないのだから、得点できなくても不思議ではない。本番に強いとか弱いとかではなくて、「どこまでやらないと点数がとれるようにならないか」の見きわめがまったくできていないせいなのだ。

テストには「理解度をためすもの」と「応用して伸ばすもの」の二種類があるが、理解度をためすものは「満点がとれて当たり前の問題」で、応用力がためされるものは「どこまでチャレンジしたかを判定する問題」ともいえる。つまり、やさしい問題がいくら解けても、応用力が問われる問題につまずくようでは、高得点などのぞめるはずがないのだ。

応用力を伸ばすためには、「よくねらわれる問題」をたくさん解いて力をつけ、そのうえで「ひねった問題」にまで手をつけること。基礎トレーニングで養った力を、その場で「問題を解決する力」に押し上げてやるのだ。そこまで到達してはじめて本当の「わかる・できる」が実現できるのだ、と自覚させることからはじめてほしい。

つぎに、家庭学習でクセにしておくと、テストでも得点できる実戦的なやりかたを考えてみよう。三年生の後半頃からは、いま「この場」が本番なのだ、という緊張感を持たせたい。

◎ドリル問題は、やさしい順に印をつけて配点をつかませる

問題数と制限時間が決められたテスト形式のドリルをやらせるときは、第一問めからがむし

ゃらにとり組ませずに、まず全体に目を通させ、問題をやさしい順にランクづけさせる。それぞれの解答にあてる時間を配分し、ついでに配点を予想する。すると、むずかしい問題が解けなくても、その他を全問正解するだけで○○点とれるというメドが立つ。

こうして筋道をはっきりさせたうえで、やさしい問題から順に解いて得点を重ねながら、むずかしい問題にかかる。正解できれば「やった！」とよろこべばいいし、解けなくてもかまわない。ただし、すぐにやり直しをさせて、その一日を「満点！」で終わらせること。

◎問題の「初級→中級→上級」を無視させる

市販の問題集は、やさしい問題からむずかしい問題へと段階的になっている。初級から少しずつレベルを上げていくのが通常のやりかただが、もう理解できたと思えるときは、すぐに中級や上級レベルにぶつからせるほうが実戦的でムダがない。

実際のテストに初級レベルの問題はほとんど出ないこともあるが、むずかしい問題にとり組ませないと、「わかる・できる」が本物にならないからだ。ひねった問題などで「なぜ？」をぎりぎりまで考えると理解が深まるので、どんな応用問題にも強くなれる。

◎問題文を二回音読させると設問の意味をとりちがえない

設問の意味を早とちりさせないためには、一回めをザーッと音読させて、二回めにゆっくり読ませる。「……であるもの」と「……でないもの」などはまちがえやすいところなので、色鉛筆で傍線を引かせるのも効果的だ。そのうえで、「……でないものを答えなさい、だな」と声に出すクセをつけさせるといい。自分の声があたまのなかにひびくと、目だけで問題文を追うのとちがって、グンと注意力が増す（テスト用紙に赤鉛筆を引いても先生は文句をいわない）。

とくに国語などは、あたまにひびく言葉のリズムが脳を活性化させるので、すんなりと正解がつかめてしまうこともある。また、理科や社会でも同じで、あたまにひびく言葉が記憶の糸を引っぱってくれることがよくある。

◎答えの大ざっぱな見当づけの練習をさせる

問題文を読んだだけで、「答えは……だな！」とピンときたものを答案用紙の余白にメモ書きさせ、それを〝見当づけ〟にする。算数では、求められる単位が「gかmか」など、ひらめいたものを余白に書くことで、注意力を高めていく。解答作業を進めていって、それが見当づけに近いものであれば、解答として書きこませる。ちがったものであれば、やり直しさせる。

また、答えに迷ったときは、最初にピンときたものに戻って解答する。注意深く問題文を読んでひらめいたもののほうが正答率が高い、という心理的なデータがあるからだ。

◎解く問題以外のものを隠して集中させる

つぎの問題を解いているのに、前の問題に戻ってあれこれと悩んだり、ずっと先のほうの問題が目に入って落ち着かず、どれもこれも中途半端に手をつけるタイプがいる。アセッて気がテスト本番を想定した実戦練習で高得点をめざせ！

散るので、みんなが確実に得点できるはずのやさしい問題でもミスばかりする。

時間配分や配点予想をしたのに、それでも集中できない。これを直すには、解答している問題以外を大きなメモ用紙などで隠してしまうといい。すべての教科で有効なので、すぐにやらせるといいだろう。

◎解答にいたるまでの下書きを残させる

算数や理科での計算はもちろんだが、国語の段落分けや内容をまとめる問題でも、答えを出すまでの考えの流れのメモや図をきれいに残させる。読み返してみると、よくミスが発見できるし、やり直すときも時間がかからないのでムダがなくなる。

◎解答を逆から見直すとミスが発見できる

たとえば、算数の計算を見直すときに、最初と同じように上から下へやったのでは、自分の考えや思いこみの流れに引きずられてしまうので、ミスはなかなか発見できない。それに対して、逆から検算してみると「＋－×÷」などでの信じられないようなまちがいが見つかることがある。

国語や社会などでも、自分の解答を問題文の（　）部に入れてみると、文の前後がうまくつながるかどうかがチェックできる。

また、国語での「いくつかの例文中から問題文の内容と同じものを選べ」という設問では、問題文よりも先に設問のほうを読んで、そこから逆に問題文の内容を見当づけるやりかたも有効になる。

◎テスト用紙をファイルして学習の記録にさせよう

どんな小さなテストであっても、返却された答案用紙は「宝もの」とみなすこと。よく満点の答案だけを残したがるタイプがいるが、本当のところをいうと、それはあまり役に立たない。それよりも、うまく得点できなかった答案用紙を、家庭学習でやり直しさせて「満点！」をとらせ、機会があるごとにチェックさせると、すごく効果がある。

余白に正しい解きかたや、熟語や用語、理科の公式などを書きこませる。スペースがたりないときは、別紙に書きこんで貼りつけるといい。

勉強の合間にながめるのもいいし、一日の終わりにやり直しさせるのもいい。失敗した！

くやしい！　という気持ちが強いほど記憶はしっかりするものなので、極端にいうと、テストではまちがえたほうがいいくらいなのだ。

時間の余裕がある場合は、ドリルなどの苦手な問題だけをコピーして、一日に一回はかならず目を通すようにするのもいい。

同じ問題ばかりやっても効果のほうは？　という心配はいらない。何度も繰り返すうちにスピードが上がってくるし、その気がなくても暗記してしまえるので、応用問題にもビビらないだけの度胸がつくものなのだ。

ここで、新しく導入された英語について考えておきたい。週一回程度のペースで「総合的な学習の時間」に初歩的な英会話を学習するが、外国語にふれたり、外国の生活や文化などに慣れ親しむことがねらいなので、そのための特別な準備や心がまえはいらない。

耳で聴いて、目で読んで、声に出せれば問題はない。ただし、私立などの中学受験を考える場合は、入試科目に英語をとり入れるケースがあるので、合格点がとれるだけの準備はしておかなければならない。その程度や内容については受験のところでくわしく考えるので、そちらを参照してほしい（284ページから）。

ムダにならない塾や家庭教師のかしこい利用法

家庭学習と塾での勉強をうまく連動させよう

四年生ぐらいになると塾へ行くのが当たり前のようになっているが、学校の授業がよくわからないから塾でわかるようにしてもらおう、という考えには同意できない。

何度も考えてきたが、子供たちが「わかる・できる」を実現するためには、誰かに道をつけてもらって、そこを歩かせるだけでは不十分なのだ。低学年のうちは「こうするんでしょ！」でもいい。だが、四年生頃からは「勉強は自分でやるもの」という強い気持ちをもとにして、親などから勉強のやりかたのヒントをもらい、必死にくふうをこらし、何度も失敗しながら、そのなかで自分らしさにあふれた「やる気」を育てていくことが大切なのだ。

勉強は家庭にはじまり、ぐるりとまわって、また家庭に戻ってくる。子供たちには生活と勉強を切りはなすことなどできないので、生活がそうであるように、勉強の原点もまた家庭にある。このことから親は逃げずに、誰かに依存することなく、子供たちのすべてを引き受ける覚悟のもとに、はげましの姿勢を見せてやることからはじめていただきたい。

テレビ番組に、幼い子供たちに〝おつかい〟をさせて隠し撮りするものがあるが、子供たちの懸命さがグッと集約されるのは、家に帰り着いたときだ。目的を果たせたという晴れやかな気持ちと、そこには自分の帰りを待っている人がいるという期待感が合体して、爆発的なクライマックスを迎える。うれしくて、ホッと安心できて、子供たちは泣きじゃくる。

人というのは、みんなそうなのだ。帰るべき家という目的がはっきりしていて、そこには自分の帰りを待つ人がいると期待してもいい――これが勇気のもとになるのはまちがいない。

誤解しないでほしいが、家庭の存在が大きいといっても、家庭学習の時間が長くなければダメということではない。その一日を締めくくることが大切なのだから、場合によっては十分くらいでもいい。自分だけの時間のなかで、生活リズムを調整させるのもねらいなのだ。

つまり、子供たちの勉強にしめる比率や時間の長さなどに関係なく、塾は利用するものだということ。他人まかせを決めこんで、親も子もいっしょに逃げこむ場所などではないこと。このように位置づけできると、塾ほど心強い味方はない。これから、成績を伸ばすための塾のかしこい利用のしかたを考えていこう。

◎基本はあくまでも家庭学習にあると自覚させよう

学校の授業を受け身ですごして、つぎに塾でも受け身のままでいたのでは疲れるだけだ。楽しくないと自主性など育つはずがないので、家庭での時間にメリハリをつけさせ、短時間だけ集中させて、「たった五分で終わるなんてすごいね！」と勇気づけてやる。小さいものでも達成できるとうれしいので、その芽が大きな積極性に育つまで後押ししてやればいい。

繰り返しになるが、塾の日であっても、家庭に帰って机に向かう時間が締めくくりになると位置づけて、やさしい問題を少量だけ選ばせ、十分くらいで終わらせる。何度も解いた問題でかまわない。「満点！」をとって一日にピリオドを打たせるのも、くふうのひとつなのだ。

◎中学年では、先どり学習よりも理解度重視の塾へ

塾で先どり学習をさせると、子供たちは学校の授業に集中できなくなることがあると指摘しておいた。進学塾などは四年生頃から選抜入試を行なうが、その時点から得点ランクによるクラス分けをするので、どうしても競争が過熱する。また、それが塾のねらいでもあるので、先どり学習以外に、受験向けの高度な解きかたなども教える。

学力がつくのだからいいではないかという見かたもあるが、なかには塾と学校とのつながりをうまく処理できない子供たちも出てくる。能力の問題というよりも、自分の位置づけがうまくできないせいだろう。授業に身が入らなくなると、いくら進学塾でがんばっていても、だんだん成績が落ちてくるので、本人が苦しくなってしまう。これを防止するには、先どり学習をやめて、ある課題をじっくり考えさせる補習塾に変えたほうがいい。

しかも、一度に全部を教えないで、子供たちが自分で考える時間を持たせてくれる指導がい

高得点という結果より「やる気」を評価してやる！

い。家庭学習のときに「なぜかな？」と子供たちを先生役にさせてみると、「わかる」を重視した指導をしているかどうかが判別できる。

◎塾では「やる気」に火をつけさせる

やる気を持てないでいると、塾で手ほどきされても「わかる・できる」にはならない。時間をかけて教えてもらえば何とかなる、というのは親の思いこみにすぎないし、ただ耐えているだけの子供たちは疲れてしまう。ここでのカギは、いかに本人に自覚させるかだろう。

何度もいうように、学校や塾などで得た知識を本物にするのは家庭学習なのだ。復習が大事という意味だけではなく、「わかる・できる」にしたいという意欲を持つことで、子供たちはどうしたら短時間で「わかる・できる」になるかのくふうをこらす。つまり、家庭学習を通して「自分らしさ」を実現するための積極性を育てているかどうかが問われるのだ。

酷ないいかたになるが、自分で努力しないまま「わからない……」とつぶやいている子供を塾に行かせても効果はのぞめないのだ。ただし、学校とちがう環境のもとできっかけをつかむことはある。塾の先生とウマが合ったり、新しい友達ができたりすることで、本人の「やる気」に火がつくようだと、塾へ通わせるのは正解だったことになる。

それを見定めるポイントは、子供たちの顔つきが明るいかどうかだろう。元気に早足で帰ってくるようなら心配はいらない。いろいろな話を聞いてやって、十分間ほど復習に集中させること。指示をなるべく控えながら、自分からやるように仕向けるのがコツなので、終えたときに「がんばるね！」と、やる気のほうを認めるいいかたをしてやる。これを持続していくうちに、自分にも「やれる！」という自信が生まれてくるので、根気もついてくる。

有名中学をめざす進学塾でも、基本のところは同じでいい。ただし、すでにかなりの意欲を持った子供たちがひしめいているので、どうしても順位が気になる。いくら「やる気」を認めてやっても、それが結果に結びつくとはかぎらない。だが、親の一喜一憂は子供たちにはうるさいだけなので、むしろ親ばなれするのをよろこぶ姿勢が必要になるだろう。

◎成績よりも塾が楽しいかどうかのほうが大事だ

繰り返しになるが、新しい友達ができたか、塾の先生のことを楽しそうに話題にするか、この二つが決め手になる。たとえテスト順位がかんばしくなくても、その二つを感じとっているようだと、やる気が育つので、時間はかかるだろうが、かならず成績は伸びてくる。

　その反対に、塾のテスト順位がよくても、友達がいない、先生についての話題もとぼしいという場合は要注意だ。成績が下がるようだと、それは子供たちの「やる気」がそがれてきている証拠なので、三カ月ほどで別の塾を探したほうがいい。

　また、学校の成績はそこそこなのに、やる気にムラがあるタイプがいる。そんな場合は、成績を買いかぶらず、少人数の塾を選んだほうがいい。何となく点数がとれているだけの子供たちをハードな競争に追いやると、ますます気持ちのムラが大きくなることがあるからだ。

◎順位競争がはげみになるタイプは進学塾へ

　大手の進学塾は、入塾のときに選抜テストをする。四年生で募集するケースが多いが、近年は三年生から募集するところもある。入塾後も、週に一回の小テストを行ない、月に一回は大きな規模のテストを実施して、その順位をもとにクラス替えをする。

　競争をはげみにできるタイプもいれば、そうでないタイプもいる。いくら上位の成績をとっていても、進学塾になじめない子供はいるものだし、順位を伸ばせない子供にとっては苦しいだけなので、一歩進んで二歩下がるの要領で、いったん競争をやめさせるといい。どこでやっても勉強は勉強なのだから、少人数の塾に移ってやり直すのも方法だ。

それでも中学受験を考えたいという場合は、大手の進学塾に準拠した小さな塾を探すといいだろう。個人塾の先生のなかには進学指導のベテランもいるので、そこでの授業を楽しませながら、月に一回の大手塾の公開模擬テストを受けさせるといい。小規模なぶんだけ親身な指導が期待できるので、志望校をしぼるときにも適切なアドバイスがもらえるだろう。

◎学校の授業進度とのギャップに悩むなら考え直そう

私立や国立の中学入試をめざす塾は、授業のレベルが高いうえに、どんどん先どり学習をする。さらに「範囲を超える」内容もこなしていくので、学校の授業進度などと食いちがいが生じてくる。塾を予習にして、それを学校で復習する、という組み合わせがうまくいくと効果がのぞめるが、そうでないと苦しくなる。

塾の進度がはやすぎるせいなのか、それとも先どり学習になじめないのか、そのどちらであるにしろ、そのままでいると学校の授業までわからなくなる危険がある。家庭学習でリズムをうまく調整できるようだと心配はいらないが、塾のリズムに追いかけられてフーフーいっているようならスパッとやめさせて、学校の授業を重視するやりかたに変えたほうがいい。

◎遠回りに見えても家族みんなの笑顔がいちばん

塾に通わせると学校の授業を軽くみなす傾向が出てくるが、それは塾から与えられた勉強のリズムをひけらかしたいからなのだ。いわゆる優越感というものだが、そんなお仕着せのリズムを自慢してもつまらない、もっと自分らしさとは何かにこだわらないといけない、という人生の根幹にかかわる深みと重さについて、どこかで子供たちに教えてやる必要がある。

家庭での自分だけの時間のなかでつかんだ勉強のくふうが大切であること、自分は「やればできる！」という自信と自主性が、いつの日にか本物のパワーになること。いまは自分の力だけでは十分な結果が出せなくても、それを恥じる必要などないこと。それらをさりげなく教えてやれるのは、家庭のメンバーの明るい笑顔のほかにはない。

どんなに有名な進学塾に行っていても、毎朝暗い顔をして学校に登校しているようでは先が思いやられる。そんなことでは空気の入りすぎた風船のように、いつかどこかで割れてしまうだろう。そんな危険が見てとれたら、親子ともどもが考えを切りかえ、お互いがきざむ生活のリズムを大切にすることから再出発すればいいだけのことだ。

人生はやり直しがきくし、やり直してこそ充実すると考えたい。中学入試をめざしてきていても、そのコースになじめないようなら、撤退する勇気も必要になるだろう。

家庭教師には「自分で考える力」を育ててもらう

学校で競争させられたうえに、塾でも競争させられると子供たちは息が抜けない。家庭教師だと一対一なのでほかの子供たちと比べられることもないし、親の目もとどく。有名大学の学生やプロの家庭教師はうまく教えてくれるはずなので、もう安心だ。これで責任ははたしたのだから、がんばれよ！　こんなところが親としての本音なのだろう。

だが、親たちの「あなた任せ」ほど始末の悪いものはない。子供たちの「わからない・できない」の原因のほとんどが努力不足にあり、さらには本人の「やる気」のなさがそれを増幅させていることに目を向けようとしないのはなぜだろう。もしかすると、他人にすぐ依存するのは親をマネたのかもしれない、という危機意識くらいは持ってほしいところだ。

たしかに競争を強いられるのはつらい。だが、競争がよくないのではなくて、それを人生を決定づけるものと受けとめたり、やる前から尻ごみするから「勝ち負け」にばかり気をとられるのではないだろうか。みんなが走るレースに参加して、精いっぱい努力したうえで、結果を受けとめる。ダメだったときは、つぎのレースに向けて練習すればいい。

こうした前向きの姿勢を持たせてやらないと、「やらされる」という被害感情から抜け出せない。だから、まず子供たちをスタートラインに立たせなければならない。立つとずっと向こうにゴールが見える。何秒で走れるかな？　と子供たちは自分で予測する。これがいちばん大切なことなのだ。どう低く見積もっても、そこまでは親が責任を持つべきだろう。

あとは、家庭教師の腕の見せどころになる。家庭教師は尻ごみする子供たちをコースに押し出し、上手な走りかたを教える。だが、走るのは子供たちなのだ。うまく走れるかどうか、ゴ家庭教師には「自分で考える力」を引き出してもらう！

ールまで何秒かかるか、などは子供たちの「やる気」にかかっている。

つぎに、家庭教師のかしこい利用法について考える。最大のネックは子供たちが依存心を育てかねない点なので、そこに注意してほしい。

◎子供の教わりかたをチェックしてやろう

教えかたのうまいへたはあるが、内容にちがいがあるわけではない。家庭教師にうまさを求めるよりも、子供の教わりかたに注目してほしい。ゼロからというわけではないので、黙って聞いていたのではまずい。授業のわからないところを事前に整理させて、質問するポイントをしぼりこませておく。どうしてもわかってやるぞ！　という迫力がほしいのだ。

また、採点されて返却された答案用紙をそろえさせること。点数がよくないから恥ずかしいとか、知られたくないというのでは前へ進めない。その家庭教師を信頼して、少しずつうちとけながら、その日のうちに疑問をいくつ消すことができるかを楽しみにさせるといい。

◎親がなすべきことを家庭教師にさせてはならない

これから勉強するぞ、という姿勢を持たせるのは親のしごとだ。約束の時間までに準備を終わらせておく、机に向かったら姿勢をきちんと正す、勉強中は間食させないなど、勉強以外のことで家庭教師の手をわずらわせないこと。

そして、どこをどのように勉強するかは家庭教師に任せること。どんな問題をやらせると効果があるかは教えてもらう期間の長さによってちがうことがあるので、事前に計画を示してもらうといいだろう。また、注文があるときは、子供のいないところで話すこと。

◎教えすぎはかえって子供の意欲をそこなわせる

ベテランの家庭教師はヒントだけ与えて、あとは子供たちの力でやらせる。つまずくと二度めのヒントを与え、ついに自力で解答にいたらせる。自主性を引き出すように仕向けてやることで、自分で考える力がつき、最後までやり抜く気力も育ってくる。

そのやりかたを、問題ばかりやらせて教えようとしない、と不安がる必要はない。問題を解くために集中できるようにするのが家庭教師の腕の見せどころなのだから、あれもこれもと教えすぎないほうがいいことをベテランほどよくわかっている。教えこむと、子供たちの伸びがさまたげられるのだ。

◎家庭教師との勉強を一週間のリズムの基本にする

いっしょに勉強する日が待ち遠しくなると、もう半ばほど成功したことになる。その日を基準にして週単位の生活のリズムをととのえさせ、ベストの体調でのぞませる。すると、他の一日の行動にもメリハリがつく。勉強を教えてもらうのが本筋だったはずなのに、時間のやりくりなどもくふうできるようになる。

ここまでくると、成績が伸びないはずがない。

念を押しておくが、教えてもらうから成績が伸びると考えるよりも、考える力を引き出してもらい、自分の力でものごとを解決していく姿勢を持たせてもらう、そこに家庭教師の本領があると考えてもらいたい。

いかに依存心を捨てさせるか、それが最大のテーマなのだ。

また、現役大学生の私たちがいうのもなんだが、学生のアルバイト教師よりも、プロの家庭教師のほうがいい。

プロと名のるくらいなのだから手抜きはいっさいしないし、学力の程度に応じた問題作成能力も高い。プロの腕に押し上げられて、有名私立中学などに合格する子供たちもたくさんいる。それぞれの将来像にあわせて、選択してもらいたい。

中学入試をめざすには「実績のある進学塾」を選ぼう

「ふつうの勉強では合格はむずかしい」と腹をくくらせよう

公立中学校では土曜日が休みになったことで、主要五教科（英・数・国・理・社）の三年間の授業時間が、かつてと比べると三百二十五時間も減らされた。ところが、私立中学校の大半は土曜日を休まないので、授業時間はもともとの二千三百二十八時間が維持される。そのため、公立中学校の授業時間は、私立中学校の約三分の二ということになる。

こうした事情のもとに、公立中学校へ行かせたのでは学力が不安になる、高校や大学受験を考えると私立中学校に行かせたほうがいいのではないか、という風潮が強まりはじめている。ところが、中高一貫の名の知られた学校への合格はたやすくない。

断言しておくが、有名中学に合格するためには学校の授業を「わかる・できる」でこなしておいて、そのうえに特別な練習を積んでおかなければならない。小学校の授業の範囲内からしか出題されないというのは建前にすぎないので、いわゆる「範囲を超える」ものがねらわれるのはまちがいないからだ。

　また、「範囲を超える」ものが一部の入試にしか出題されないとしても、レベルの高い受験生を競わせて合否を決めるので、より深い理解がためされる程度の高い問題が出される。それに合わせた準備をしておかないと歯が立たないのは、火を見るより明らかだろう。

　理屈からすると、学校の授業の理解をうんと深めて「わかる・できる」にしておくと、どんなひねった問題であろうと正答できるはずだ。だが、それはやはり理屈でしかない。より高いレベルの受験をめざすなら、そのための塾を選ぶのが無難だろう。実績のある進学塾は過去の入試問題をもとに独自のテキストを作成しているので、それをこなせば実力はつく。

　ここで、私たちの仲間の意見を紹介しておこう。O・Y君は先のほうにも登場してもらったが、私立灘中学〜高校から東大文Ⅱに現役で進んでいる。

「四年生から有名な進学塾に週二回通ったが、受験のための綿密なカリキュラムが組まれていたので、自分であれこれと計画について悩まなくてすんだ。自分と同じレベルの友達をつくると塾が楽しくなるので、効果があがるのではないだろうか」

　という。では、名門の灘中学に入学してみてどうだったかというと、

「学校のよかったところは、授業が計画的で進度がはやい、あたまのいい友達がいる、雰囲気が自由で生徒全員に目が行きとどいていた、などだ。よくなかったのは、女の子がいなかったことくらいだろう。公立中学についてはよくわからないが、イメージでいうと、画一的な指導

しかしないので、受験には向かないのではないかと思う」

と答えてくれている。また、S・A君は私立京都共栄中学～高校から現役で東大理Ｉに進んでいるが、算数はずっとダントツだったらしい。

「小学校の一年生から週に一回、母親がやっていた公文式の教室に行って算数をやった。学年ワクを超えて進められたので楽しかった。五年生からは英語もはじめた。六年生の一月からは、朝起きてすぐに漢字のドリルと算数の文章題をやって、入試にそなえた」

という。では、中学に進んでからどうだったのかというと、

「新設校だったせいか、教師がヘンにエリート意識を持たせようと力んでいたので、やる気のない者がますますやる気を失って、つまらない場所になっていたような気がする。だが、公立中学はレベルが低いし、もっとひどい荒れかただと聞いていたので、そういうところに行きたくないと考えると、逃げ場所としては最適だったのではないかとも思う」

と、かなり冷めた感想で締めくくってくれた。

私たちは、私立や国立中学から高校という中高一貫の六年制でないと、有名大学に合格するのはむずかしいとは決して思わない。だが、私立や国立の一貫校出身者の東大合格率が高いのは明白なので、それらの学校には進学のための環境がととのっているのは事実だろう。

だとすると、それらの有名中学をめざす場合には、実績のある大手の進学塾を利用して、見

通常レベルを超えたハードな勉強が合格の決め手！

事に合格してみせるのも選択肢のうちだ。高校でがんばるのを前倒ししただけと考え、がむしゃらにやり抜いてもらいたい。合否は別にして、その体験はいずれ実を結ぶはずだ。

ただし、受験するしないにかかわらず、やるのは本人なのだ。一度も塾に行かずに公立中学から県立宮崎大宮高校から東大文Ⅲに現役で合格したM・T君は、

「勉強では友達とつねに競い合うことが大事になる。ヘンに敵対視するのはよくないが、負けずぎらいなやつが最後にはのしあがる！」

と語っている。どうもこれが急所を突いているように思われる。さらに、

「最終目標は大学受験だろう。大学受験は暗記ではダメなので、できるだけ中学受験や高校受験でヘンな学習法を身につけずに、堂々と正面

から乗りきってほしい」と、補足してくれた。

以下では、進学塾を利用するうえでの注意点を考えておこう。ふつうの塾の利用法と重複するものがほとんどだが、柔軟な切りかえができるように、何度でも繰り返しておきたい。

◎塾と学校のテストの両方を順調に伸ばそう

丸暗記などをやめて、よく考え、よく理解しながら着実に進むようにさせたい。進学塾でレベルの高い問題をやると、学校の宿題などをサボリがちになる。そうしているうちに、ひねった問題は解きかたを暗記しているので点数がとれるが、やさしいはずの学校のテストが解けなくなる逆転現象を起こすことがよくあるのだ。

その原因は、学校の授業を突きつめて「わかる・できる」に仕上げないうちに、進学塾での高度な解きかたを覚えてしまって、自分ではいっぱしの実力だと思いこむところにある。レベルの高い塾に行くことで、学校のテストも伸びる「勉強の一本化」を目標にさせるといい。

◎塾が苦痛になったら休ませてやろう

いくらいい成績をとっていても、塾が苦痛になってきたら、相性が合わないのだと考えて、やめさせるのも方法だ。がんばりやさんほどその危険性をかかえているので、家庭学習だけにするか、ふつうの塾へ行かせて、落ち着くのを待ってやるといい。そうした回り道をしてもいいことに気づいた子供は、いざとなると強い。そこから立ち直ることで成績はふたたび上昇するずだし、それ以上に、何ものにも替えがたい教訓を得るはずだ。

◎六年生の二学期には志望校の過去問題をやらせよう

過去問題をやらせることで、その志望校の出題が子供の学力レベルとバランスに向いているかどうかを見きわめてやる。すでに塾では学力と志望校に応じてクラス選別されているのだが、実際に親の目でたしかめてみて、学力の偏重などをチェックしてやるといいだろう。

順調に進んできている場合は、夏休みに一回終えておくのが理想だが、早すぎると中ダルミしてスランプになることもあるので、状況をよく見てやりたい。

◎志望校のレベルが高すぎたら下げてやろう

志望校のレベルに達していなくて、その弱点が短期間でカバーできないようであれば、受験校を変えたほうがいい。目標に向かってがんばるのはいいが、子供が苦しくなるようではまずい。志望校を下げることで気持ちをラクにさせてやって、つぎの志望校へ高得点で合格できるようにするのが無難だろう。ヘンなもので、ランクを下げたとたんに伸びてきたりする。プレッシャーとは、そういう性質のものだと心得ておこう。

また、あまり長期間にわたってプレッシャーを受けていると、中学受験のあとでガクッとくる例がある。たいへんな時期だからこそ家庭で充実した時間が持てるようにしてやり、万が一の場合にそなえて、人生はなんどでもやり直せることを教えておいてやりたい。

ただし、それは逃げ道があると耳もとでささやけばいいということではない。ものごとを一方向から見ただけでは全体像をつかみそこねることがある、と気づかせるためだ。

人生にリスクはつきものといわれるが、とくに中学受験には思わぬ落とし穴がある。細心でありながら大胆な心がまえでいどませ、その結果を前向きでとらえるようくふうするなかで感じとるもの、それが生きがいというものだろう。

中学入試での「英語」——英検5～4級レベルをやらせよう

最後に、英語について考えておきたい。「総合的な学習の時間」に英会話がとり入れられたが、首都圏の一部の私立中学では入試科目に英語を採用しはじめた。学校の授業はお遊びにとどまるうえにテストはしないので、会話力などが身につくことは期待できない。英検の5級～4級レベルが出題されるので、塾などで準備しないと得点するのはむずかしいだろう。

この英検というのは、㈶日本英語検定協会が「日常の社会生活に必要な英語の能力を検定する」もので、5級から1級までの等級に分かれて実施され、公的な資格を与えるものだ。

たとえば、文京女子中学（東京都）では、国語（必修）のほかに、算数・社会・理科各四題と英語二題の計十四題から好きな問題を四つ以上選択して答える方式だ。英語は基本と応用が各一題ずつ。基本問題は択一式（二つ以上から一つを選ぶ）で、つづりは書かせない。応用問題

中学入試での「英語」の急所

①単語・連語

・反対語→ (left　right) (day　night) (difficult　easy)
(buy　sell) (big　small) (north　south) など

・語の意味→ It's very (　　) in Okinawa in summer.
(1 cold　2 tall　3 hot　4 high) から選べ

・語形変化→ (man　men) (woman　women) (child　children)
(lady　ladies) (study　studied) (get　got)

・略語など→ (No. 番号) (Sun. 日曜日) (Mr. Ms.)
(One Way 一方通行) (Keep Out 進入禁止)
(go to～) (get home) (in the evening) など

②文法

・基本文型→ My father (　　) a teacher. (am, is, are)
I (　　) a good camera. (have, play, speak)

・書きかえ→ My mother plays the piano. (can を使って)
You can play the baseball. (疑問文に)

③作文

・並べかえ→この家が好きか (this house/you/do/like) ?

・穴うめ→バスで学校にくる (I come to school by bus.)

④基本的な会話表現

・あいさつ→ See you tomorrow. (またあした)
How do you do? (はじめまして)
Good morning,Mom. (お母さん、おはよう)
Yoko,this is kenji. (自分の名前を紹介する)

・たずねかた→ How is the weather? (天気はどう？)
When is your birthday? (誕生日はいつ？)
What's the date today? (今日は何月何日？)

・会話のつなぎ→
I have a bad cold,Tom.
Oh, that's too bad. (それはいけませんね)

I'm a student of Midori grade school
Oh, are you? (ああ、そうですか)

＊以上、英検5級レベル

は英検5~4級レベル。さらに、面接で簡単な会話ができるかどうかをたしかめる。

また、桜美林中学（東京都）では、入試で英語を選択した生徒は入学後に特別クラスに編入され、レベルの高い英語の授業を受ける。藤村女子中学（東京都）は、選択科目に英語を入れ、英検5級レベルの問題を出していたが、正答率が高すぎるので、4級レベルに引き上げた。

そのほか、帝京中学（東京都）は、国語と算数の二科目入試の、どちらかの科目のかわりに英語で受験できる。緑ヶ丘女子中学（神奈川県）は、二科目型（算・国）と四科目型（算・国・理・社）と並んで、英語と作文をとり入れた。英語は筆記がなく、質問に答えるやりかた。

基本問題では、単語のつづりを書かせない、面接で簡単な会話力をためすという形式が多いが、受験生のレベルが高くなってきているので、だんだんむずかしくなる傾向がある。

たとえば、五つのカードにそれぞれ四つずつ図（人・動物・物など）が示され、そのカード内で単語の語尾が同じになる図の記号を二つずつ選ぶ問題がある。地図と帽子（map, cap）、本とコックさん（book, cook）、リンゴと家（apple, house）などが答えになるが、書かせないとはいえ、つづりを知らないと正解することはむずかしい。

また、夏の海辺の光景が絵で示され、砂浜のビーチパラソルや犬、海で泳ぐ人、魚などが描かれている。設問として十数個の単語（swim, fish, winter, hot, cool など）があげられ、そのなかから絵の内容に一致する単語の記号を選ばせる。これは季節や場所、行動などについてのいろいろな単語を関連づけて覚えておくことで正答できる。

そして、この絵についての短文を作りなさいという設問がなされ、たとえばIt is summer.やIt is hot.などと書かせる（文京女子中学・平成十三年度入試問題を参考にした）。

ちなみに、英検の筆記試験（4級）は、①単語・熟語、②文法、③作文、④読解、の分野に分かれ、リスニング（listening）もある。単語では、家族の名称（uncle, husbandなど）、国・都市の名称（GermanとGermanyの区別など）、季節・月・曜日（in spring, on Sundayなどの前置詞）、同意語（tallとhighの区別）、反意語（rightとleft）、略語・掲示（B.C.やMt.など）、そのほか数字や日本語化した英語が問われ、適切なものを記号で選ぶ。

熟語では、動詞や助動詞の働きをするもの（be absent from~など）、副詞・前置詞・形容詞の働きをするもの（in the futureなど）が問われ、適切なものを記号で選ぶ。このあたりは公立高校入試や、それを超えるレベルの問題もふくむので、決してやさしくない。

文法では、問題文の（　）内に適切なものを選ばせる。名詞・冠詞・代名詞・形容詞・副詞・動詞・助動詞・接続詞・前置詞など、すべての品詞が対象にされる。また、基本文型、重要な構文（There is a book on my desk.など）、時制、比較、不定詞・動名詞なども問われる。作文も（　）内に語句を選ばせるもので、否定文、命令文、特別な構文（enough to~など）が問われる。会話表現では、「調子はどう？　How's everything?」や、Thank you.とYou're welcome. の照応 、店員の決まりのせりふ（May I help you ?）、電話での「どちらさまですか？　Who's calling, please ?」などのほか、学校や家庭生活での慣用表現が問われる。読解では、手紙文や説明文などが出題される。手紙文では、いつ・どこで・誰が・何を・どのようにしたかを読みとり、中心になる話題は何であるかを考える。文中のheやhisなどが誰かを特定できることがカギになるが、通常は日付が右上に書かれることにも注目する。説明文なども同じでいい。人物どうしの関係、その場合や場所などに気をつけるといい。

別組みページに典型問題を紹介しておいたので、志望校の過去問題をやらせながら、まず英検5級の問題集をしっかりやらせるといい。4級になると中位クラスの大学入試にも出題されるような内容になるので、かなり手ごたえがある。五年生あたりから塾に通わせ、実戦的なテストでもまれることが必要になるだろう。

アンケート協力者名簿

①グループ（公立中学〜公立高校　37名）

イニシアル	出身地	出身校	入学時
S・K	山形県	県立山形東高校	文Ⅰ
N・N	茨城県	県立土浦第一高校	理Ⅰ
A・K	新潟県	県立新潟高校	文Ⅰ
M・K	群馬県	県立前橋高校	文Ⅱ
A・H	群馬県	県立太田高校	文Ⅲ
K・Y	埼玉県	県立熊谷高校	理Ⅱ
K・A	埼玉県	県立浦和高校	文Ⅲ
N・T	埼玉県	県立浦和高校	文Ⅱ
S・A	埼玉県	県立浦和高校	文Ⅱ
A・K	千葉県	県立千葉高校	理Ⅱ
N・K	千葉県	県立千葉高校	理Ⅰ
T・Y	千葉県	県立千葉高校	文Ⅱ
T・M	千葉県	県立千葉高校	文Ⅱ
M・K	東京都	都立国立高校	理Ⅱ
O・T	東京都	都立武蔵高校	文Ⅱ
K・T	東京都	都立富士高校	理Ⅰ
M・T	東京都	都立戸山高校	文Ⅰ
N・Y	神奈川県	県立湘南高校	文Ⅲ
K・E	神奈川県	県立横浜翠嵐高校	文Ⅱ
S・M	神奈川県	県立柏陽高校	理Ⅱ
O・M	山梨県	県立都留高校	理Ⅱ
M・M	長野県	県立松本深志高校	理Ⅰ
O・N	静岡県	県立韮山高校	文Ⅲ
I・K	愛知県	名古屋市立菊里高校	理Ⅱ
H・K	愛知県	県立千種高校	理Ⅲ
K・H	富山県	県立高岡高校	文Ⅰ
K・H	石川県	県立金沢泉丘高校	理Ⅰ
K・K	三重県	県立津高校	理Ⅱ
I・K	兵庫県	県立加古川東高校	理Ⅰ
K・S	岡山県	県立大安寺高校	文Ⅲ
F・M	鳥取県	県立米子東高校	文Ⅰ

B・K	長崎県	県立島原高校	文Ⅰ
N・T	熊本県	県立済々黌高校	文Ⅲ
N・M	熊本県	県立熊本高校	文Ⅰ
H・Y	熊本県	県立熊本高校	文Ⅲ
K・S	熊本県	県立熊本高校	文Ⅰ
M・T	宮崎県	県立宮崎大宮高校	文Ⅲ

②グループ（公立中学〜私立・国立高校　13名）

イニシアル	出身地	出身校	入学時
K・E	埼玉県	学習院女子高等科	文Ⅰ
O・S	埼玉県	海城高校	理Ⅰ
F・A	千葉県	土佐高校	理Ⅰ
K・S	東京都	帝京高校	理Ⅱ
I・J	東京都	筑波大附属高校	文Ⅲ
I・Y	東京都	桐蔭学園高校理数科	理Ⅰ
H・M	神奈川県	桐蔭学園高校理数科	理Ⅰ
S・A	大阪府	大阪教育大附属天王寺高校	文Ⅲ
H・H	大阪府	洛星高校	文Ⅲ
I・H	広島県	修道高校	文Ⅱ
M・Y	広島県	修道高校	文Ⅲ
F・J	島根県	東大寺学園高校	文Ⅰ
T・H	福岡県	ラ・サール高校	理Ⅰ

③グループ（私立・国立大附属中学〜附属高校　37名）

イニシアル	出身地	出身校	入学時
K・S	埼玉県	お茶大附属中学〜学芸大附属高校	理Ⅰ
K・H	埼玉県	巣鴨中学〜高校	理Ⅱ
T・S	埼玉県	武蔵中学〜高校	理Ⅰ
F・O	東京都	武蔵中学〜高校	理Ⅰ
M・Y	埼玉県	開成中学〜高校	文Ⅱ
G・A	東京都	開成中学〜高校	理Ⅱ
Y・Y	東京都	開成中学〜高校	理Ⅰ
H・Y	東京都	麻布中学〜高校	文Ⅱ
S・Y	東京都	筑波大附属駒場中学〜高校	文Ⅰ
F・K	東京都	筑波大附属駒場中学〜高校	文Ⅱ

S・Y	神奈川県	筑波大附属駒場中学～高校	理Ⅰ
F・T	神奈川県	筑波大附属駒場中学～高校	文Ⅰ
O・M	千葉県	早稲田中学～高校	文Ⅱ
S・H	東京都	東邦大附属中学～高校	理Ⅰ
M・Y	東京都	東京学芸大附属中学～高校	文Ⅲ
Y・D	東京都	立教英国学院中学～高校	文Ⅲ
M・K	東京都	桐蔭学園中学～高校理数科	理Ⅱ
K・Y	東京都	桐蔭学園中学～高校理数科	文Ⅱ
O・A	東京都	桐蔭学園中学～高校理数科	理Ⅰ
K・J	神奈川県	桐蔭学園中学～高校理数科	文Ⅱ
N・M	神奈川県	聖光学院中学～高校	文Ⅰ
S・K	愛知県	滝中学～高校	理Ⅰ
A・S	愛知県	滝中学～高校	理Ⅰ
A・E	三重県	高田学苑中学～高校	理Ⅱ
I・N	京都府	洛星中学～高校	文Ⅱ
S・A	京都府	京都共栄中学～高校	理Ⅰ
M・N	大阪府	大阪教育大附属中学～高校	理Ⅱ
K・T	大阪府	愛光学院中学～高校	理Ⅰ
T・Y	大阪府	灘中学～高校	理Ⅰ
O・Y	大阪府	灘中学～高校	文Ⅱ
O・K	兵庫県	灘中学～高校	文Ⅰ
O・H	兵庫県	甲陽学院中学～高校	文Ⅰ
T・M	兵庫県	甲陽学院中学～高校	文Ⅰ
M・T	兵庫県	白陵中学～高校	理Ⅰ
N・I	広島県	広島学院中学～高校	文Ⅱ
K・T	広島県	広島学院中学～高校	文Ⅲ
S・D	大分県	岩田中学～高校	文Ⅱ

④グループ（私立・国立大附属中学～公立・私立高校　４名）

イニシアル	出身地	出身校	入学時
N・K	千葉県	千葉大附属中学～日大習志野高校	理Ⅱ
N・Y	香川県	香川大附属中学～高松高校	理Ⅱ
S・T	長崎県	長崎大附属中学～長崎北陽台高校	文Ⅲ
H・H	長崎県	長崎大附属中学～青雲高校	文Ⅰ

《サラ・ブックス》は現代を生き抜くための思考の栄養源として、時代に即応した新しい企画を、読者のみなさんとともに育てていきたいという念願をこめて生まれました。みなさんのご意見、ご希望も十分に検討させていただきますので、忌憚のないご感想をお寄せくだされば幸いです。

サラ・ブックス編集部

新《しん》 東大生《とうだいせい》100人が教《おし》える
小学生《しょうがくせい》の勉強法《べんきょうほう》〈総合篇《そうごうへん》〉

[編著者] 東京大学《とうきょうだいがく》「学習効率研究会《がくしゅうこうりつけんきゅうかい》」

[発行所] 株式会社 二見書房
東京都千代田区三崎町2-18-11
電話 03(3515)2311[営業]
03(3515)2313[編集]
振替 00170-4-2639

[印　刷] 株式会社 堀内印刷所
[製　本] ナショナル製本協同組合

落丁・乱丁本はお取り替えいたします。
定価は、カバーに表示してあります。
Printed in Japan
ISBN978-4-576-02029-7
http://www.futami.co.jp/